ALTERNATIV HEILEN

Herausgegeben von Gerhard Riemann

Mary Muryn wuchs in einer ukrainischen Familie auf, in der die Anwendung übersinnlicher Kräfte, wie Hellsehen und Heilen, als normal angesehen und oft praktiziert wurde. Über die Teilnahme an Kursen und Seminaren erwarb sich die Autorin ein umfangreiches Wissen in ganzheitlichen Heilweisen. Heute lebt Mary Muryn in Westport, Connecticut.

Deutsche Erstausgabe Juli 1997

Titel der Originalausgabe:
»Water Magic: Healing Bath Recipes for the Body, Spirit, and Soul«

Originalverlag: Fireside Books/Simon and Schuster Inc., New York
Umschlagillustration: Susannah zu Knyphausen
Satz: Ventura Publisher im Verlag
Druck und Bindung: Clausen & Bosse, Leck
Printed in Germany
ISBN 3-426-76147-5

5 4 3 2 1

Mary Muryn

Heilbäder

Energie und Wohlbefinden für Körper und Seele

Aus dem Amerikanischen von Rita Höner

Knaur

Inhalt

Teil II
Homöopathische Bäder

Teil III
Heilende Bäder für den Körper

Teil IV
Spirituelle Bäder

Teil V
Schönheitsbäder

Teil VII
Kristallbäder

Vorwort

Meine mystisch angehauchte Freundin Mary weiß vieles, was dem Rest der Welt verborgen ist. Jahrelang hat sie Freunde und Klienten großzügig an ihrem wunderbaren Wissen teilhaben lassen; sie haben sie schließlich dazu überredet, einen kleinen Teil ihrer Kenntnisse zu Papier zu bringen, damit ein breiteres Publikum von ihrer einzigartigen Weisheit profitieren kann.

In diesem Buch wird das Baden als angenehmste Möglichkeit vorgestellt, um Körper, Seele und Geist zu heilen. Mary ist in der Welt umhergereist und hat Rezepte gesammelt, die eine einfache Badewanne in eine Oase der Heilung, einen Tempel des Rituals oder einen Ort der Sinnlichkeit verwandeln. Es gibt nur sehr wenige Bäder in diesem Buch, die ich nicht ausprobiert und genossen habe – manche möchte ich überhaupt nicht mehr missen.

Am besten wäre es natürlich, wenn Sie Mary zur Freundin hätten. Da dieses Glück nicht jedem vergönnt sein kann, bleibt mir nur, Ihnen dieses schöne Buch wärmstens zu empfehlen und zu hoffen, daß es Sie unterhält, belehrt und in eine genußvolle Erfahrung einführt, die Ihnen Gesundheit, Freude, Vergnügen und Seelenfrieden schenkt.

Kathy Cash-Spellman

Einleitung

Das Baden kann für Sie zu *der* Insel des Wohlbefindens und der Zurückgezogenheit werden, die Ihnen immer zur Verfügung steht. In unserer hektischen Welt, die immer mehr Anforderungen an uns stellt, verschafft es uns einen Augenblick ruhiger Entspannung.

In diesem Buch möchte ich Ihnen die enormen Möglichkeiten vorstellen, die das Baden für Heilung, Schönheit, sinnliches Vergnügen und spirituelles Wachstum zu bieten hat.

Im Verlauf der Jahrhunderte haben weise Menschen viele Geheimnisse im Zusammenhang mit dem Ritual des Badens entdeckt.

Bäder können die Gefühle besänftigen, Krankheiten heilen und verjüngen; »metaphysische« Bäder reinigen die Aura, wecken die Intuition, schwemmen negative Gedanken und Gefühle weg und tragen dazu bei, daß der Geist sich emporschwingen kann.

Kommen Sie mit mir im Medium des Wassers auf eine Reise zur Erleuchtung und entdecken Sie die sinnlichen und spirituellen Genüsse, die in der Badewanne auf Sie warten. Erleben Sie, wie Sie aus einer alltäglichen Notwendigkeit ein genußvolles Ritual machen können.

Wenn Sie sich die Welt des rituellen Badens erst einmal erschlossen haben, werden Sie feststellen, daß Ihr Geist weit über den Rand der Badewanne hinausgetragen wird, um in die große kosmische Bewegung von Ebbe und Flut einzutauchen.

Meine Geschichte

Ich stamme aus einer Familie, die tief im magischen, mysteriengläubigen Denken der Ukraine verwurzelt ist. Zigeunerinnen, die aus Kristallkugeln und Teeblättern lasen, Erdgeister, die in Bergen aus Schneekristallen wohnten, Werwölfe und Hexen gehörten zu meiner alltäglichen Umgebung.

Im Alter von fünf Jahren lernte ich meine eigenen spirituellen Gaben kennen: ein goldenes Wesen erschien in meinem Schlafzimmer. Ich lief auf es zu, um es zu umarmen, und es verschwand, aber die schimmernde Erinnerung blieb mir erhalten, ein Vorbote zukünftiger Gaben.

Als ich meine Ausbildung in den USA beendet hatte und am College zu lehren begann, hatten schon viele seltsame übersinnliche Vorkommnisse mein Leben gelenkt. Aber erst als ich Pat Rodegast kennenlernte, das weltbekannte Medium für den Geistführer Emanuel, akzeptierte ich den mir bestimmten esoterischen Weg. Pat teilte mir mit, ich sei Heilerin und solle mich auf die Heilarbeit vorbereiten, die das Universum von mir erwartete. Also begann ich zu lernen, ohne mir so recht darüber im klaren zu sein, auf was für einen abenteuerlichen, gewundenen Weg ich mich einlassen und wohin er mich schließlich führen würde.

Als Kind erzählte ich meiner Mutter meine Träume, und sie sagte mir die Zukunft voraus. Natürlich hatte sie immer recht, und so wuchs ich mit der Überzeugung auf, daß alle Mütter diese Gabe besäßen.

Auch mein Vater war medial veranlagt. Er erzählte mir, eine berühmte Opernsängerin, eine Cousine des Zaren, hätte ihm sein Schicksal vorausgesagt. Sie hatte »gesehen«, daß er nach Amerika gehen würde, und ihm die wichtigsten Ereignisse seines Lebens dort genannt. Er besaß außerdem ein sehr nützliches Talent. Wenn er »Siebzehnundvier« spielte, sagte sein Gefühl ihm immer instinktiv, welche Karte als nächste kam. Es machte ihm Spaß, gelegentlich um Geld zu spielen, und dann gewann er immer. Wenn wir in meiner Kindheit auf einen Jahrmarkt gingen und ich bei einer Bude einen bestimmten Preis gewinnen wollte, zog er immer das richtige Los, und ich hatte meine Puppe oder mein Plüschtier. Einmal wurden wir aus einem Rummelplatz hinausgeworfen, weil wir zu viele Preise gewonnen hatten!

Bei uns zu Hause war viel von Geistern und den unfehlbaren Weissagungen der Zigeunerinnen die Rede. Überall in der Ukraine gab es medial veranlagte Menschen. Die Zukunft war kein Geheimnis – man brauchte nur zu fragen.

Da ich mit diesem überlieferten Gedankengut aufgewachsen war, entdeckte ich erst am College, daß es nicht überall so war wie bei uns zu Hause. Meine Freunde wollten nämlich immer, daß ich *ihre* Zukunft voraussagte und *ihre* Träume deutete. Es gehörte einfach zu mir, daß ich Dinge wußte, die anderen unbekannt waren.

Der Vater meiner Mutter war ein aristokratischer Landbesitzer. Ihre Großmutter soll Medium und Medizinfrau gewesen sein. Im Dorf meiner Mutter und in den umliegenden Dörfern in den Karpaten gab es viele Medien und Heiler. Die Leute dort hatten kein Vertrauen zu den Ärzten (abgesehen davon, daß es auch kaum welche gab); wenn man krank war, ging man zu einem Hexendoktor oder einem Heiler.
Der Glaube an Naturgeister war allgemein verbreitet. Grashalme konnten miteinander reden, genauso wie die Bäume. Und alle Geister aus dem Tier- und Pflanzenreich mußten mit dem Respekt, der ihnen als unseren älteren Geschwistern auf der Erde zustand, behandelt werden.
Die Heiler in der Ukraine waren vor allem Leute in den Dörfern. Sie besaßen ein altes Wissen über Blumen, Kräuter und Wurzeln und konnten jede Krankheit heilen, sogar Krebs. *Aloe vera* war ein populäres Heilmittel bei Magenbeschwerden und wurde von jeder Familie angebaut.
Die meisten dieser Leute wurden während der Revolution und von Stalin bei den Säuberungen in der Ukraine umgebracht. Ein Großteil ihres Wissens ist mit ihnen untergegangen.

Frühe Wanderungen auf dem Weg

Als ich Anfang Zwanzig war, begann ich meine spirituelle Suche. Ich wollte mehr über die spirituelle und mystische Seite des Lebens erfahren – meine katholische Erziehung hatte zu viele Fragen unbeantwortet gelassen. Ich suchte Mystiker, Schamanen, Gurus, Heiler, Rabbis und Priester auf – kurzum jeden, der mich auf meiner Reise ins Reich des Geheimnisvollen anleiten konnte.

Durch jahrelanges Suchen und Studieren unter Anleitung von Meistern lernte ich, meine medialen, heilenden Kräfte zu entwickeln; meine spirituellen Energiezentren oder Chakren zu öffnen und die in mir vorhandenen latenten Kräfte freizusetzen; die materiellen, die feinstofflichen und die kausalen Ebenen der Realität wahrzunehmen und Körper, Seele und Geist damit in Einklang zu bringen.

Yoga und Meditation machten meine Sinne hellwach, so daß meine Träume oft die Ereignisse des nächsten Tages vorhersahen, einschließlich der exakten Uhrzeit, an der die Ereignisse stattfinden würden.

1977 erzählten Freunde mir von einem Chiropraktiker und Arzt in New York, der als guter Heiler bekannt war. Ich beschloß, ihn wegen einer äußerst schmerzhaften Nackenverletzung zu konsultieren. Ich hatte schon verschiedene Spezialisten aufgesucht, ohne daß es besser geworden war, aber bei ihm war ich nach nur drei Sitzungen durch eine Kombination von Techniken der sacrocranialen Integration und einer Vitamintherapie geheilt. Er erklärte mir, daß meine Energie ins Gleichgewicht gebracht werden müßte, und zwar durch die Behandlung der Akupunkturmeridiane auf dem Körper; erst dann könne ich gesund werden. Dies beeindruckte mich sehr, und ich wollte alles über das Heilen mit Hilfe dieser geheimnisvollen Energieströme erfahren. Schließlich wurden wir Freunde, und er öffnete mir viele Türen zur Welt der natürlichen Heilverfahren. Er nahm mich mit zu Kongressen über alternative Medizin, bei denen Naturheilkundler, Homöopathen, Ernährungsberater, Physiker und Heiler ihr Wissen austauschten. Sie öffneten mir Augen und Herz für eine Realität, die sehr viel weiter ging, als ich mir je vorgestellt hatte.

Pat Rodegast sieht meine Zukunft

Ende der 70er Jahre zog ich nach Westport in Connecticut; ich war noch nicht lange dort, als ich mit dem berühmten Medium Pat Rodegast, das ich bereits erwähnt habe, bekannt gemacht wurde.
Pat ist die Autorin des auch in Deutschland erschienenen US-Bestsellers »Liebe jetzt«, in dem es um die gechannelte Weisheit einer nicht verkörperten Wesenheit geht, die uns Sterblichen liebevolle und kluge Hinweise zu unserem Platz im Universum gibt. Pat reist sehr viel und veranstaltet Seminare und Workshops über spirituelle Themen.
Als sie einmal für mich eine Sitzung machte, hielt sie inne, sah mich eindringlich an und sagte: »Was machst du hier? Du solltest das gleiche machen wie ich!« Ein paar Jahre später machte Pat mir das größte Kompliment, das ich mir vorstellen kann: bei verschiedenen Gelegenheiten bat sie mich, für sie ein »Reading« zu machen. Sie drängte mich, meine Heilkraft ernst zu nehmen, denn das Heilen war mein Schicksal.
Pat war für mich eine wundervolle Lehrerin und Mentorin; uns beiden war klar, daß die Körper-Seele-Geist-Verbindung etwas Großartiges und real Vorhandenes ist. Wir riefen eine experimentelle Heilungsgruppe ins Leben, bei der wir mit Psychotherapeuten zusammenarbeiteten. Die Therapeuten

beschäftigten sich mit der Psyche der Patienten, Pat arbeitete auf der medialen und ich auf der körperlichen Ebene: Ich brachte blockierte Energien zum Fließen, die Schmerzen oder Krankheiten verursachten. Im Verlauf der Sitzungen erkannten wir, wie wichtig diese drei Aspekte für den Heilungsprozeß sind.

Bald öffneten sich mir viele außergewöhnliche Wege.

Ich studierte bei jedem bekannten Heiler, den ich finden konnte: Pflanzenheilkunde, Naturheilkunde, Homöopathie, Heilen mit Kristallen, Fußreflexzonenmassage, Handauflegen, Tarot, Astrologie, Metaphysik, Polaritätsmassage. Ich erkannte, daß alle diese Denkmodelle sich wie ein Puzzle ineinanderfügten und keines fehlen durfte.

Der wichtigste Heiler, bei dem ich lernte, war Dr. Pierre Pannetier. Er war der Sohn eines französischen Gehirnchirurgen und einer französisch-kambodschanischen Buddhistin. Im Zweiten Weltkrieg war Pierre im Südpazifik stationiert gewesen, wo Medizinmänner und Schamanen eine lange Tradition haben. Ein sehr angesehener Schamane sah in Pierres Aura eine außergewöhnliche Kraft und prophezeite, daß er den Krieg überleben und später ein großer Heiler werden würde.

Bei vielen Militäreinheiten in dieser Kriegszone war das Trinkwasser sehr knapp, und auf See hatten die Männer lange Zeit nur Alkohol zu trinken. Daher war Dr. Pannetiers Leber schwer geschädigt, so daß er nach dem Krieg Dr. Randolf Stone, den Begründer der Polarity-Therapie, aufsuchen mußte. Dr. Stone heilte mit Hilfe seiner Methode nicht nur das Leberleiden und eine Lähmung des unteren Rückens von Dr. Pannetier, sondern nahm ihn auch als Schüler an.

Dr. Stone war Osteopath und Chiropraktiker und außerdem geweihter Priester. Er war enttäuscht von den traditionellen Heilmethoden und unzureichenden Wirksamkeit der konventionellen Medizin. Dr. Stones Suche nach anderen Lösungen führte ihn zu einem Guru und Heiler in Indien, der ihn im indischen Ayurveda und im spirituellen Heilen unterwies und ihn lehrte, wie die Energie im Körper die Lebenskraft steuert. Anschließend studierte er chinesische Akupunktur und kombinierte dann medizinische Modelle aus Ost und West zu dem, was er Polarity-Therapie nannte, bei der Körper, Seele und Geist auf einer sehr subtilen Ebene integriert werden.

Dr. Stone erklärte den Zusammenhang zwischen Energie und Heilprozeß so: »Es ist wie bei der Bewässerung von Feldern auf der Erde. Der Bauer geht mit der Schaufel vorbei und entfernt den Unrat, der sich in den Gräben angesammelt hat. So einfach ist es, wenn das Leben verstanden wird.« Als Dr. Stone sich nach Indien zurückzog, ernannte er Dr. Pannetier zu seinem Nachfolger, der seine Lehre weiterführen sollte.

Ich studierte sechs Jahre bei Dr. Pannetier und wurde zu seiner Schülerin. Wir waren oft längere Zeit zusammen, und ich nahm auch als Assistentin an seinen Workshops teil. Als er sich zurückzog, bat er mich, zu lehren und seine Arbeit fortzusetzen.

Ich probierte meine Heilkraft zunächst an Freunden aus; es dauerte nicht lange, bis sie mir ihre Freunde und Familien schickten. Dann luden Ärzte und Therapeuten mich ein, mit ihnen zu arbeiten, und bevor ich mir dessen richtig bewußt war, hatte ich eine neue Karriere.

Aber im Innersten hatte ich stets gewußt, daß ich Heilerin war. So lange ich zurückdenken kann, hatten Freunde und Fremde mich immer wieder um Rat und Hilfe gebeten. Sogar meine Eltern gingen nicht mehr so oft zum Arzt, denn sie meinten, ich wäre in dieser Hinsicht begabter.

Auf meiner Suche nach Wahrheit bin ich weit gereist und ich habe Schamanen und andere Heiler, Medien und Propheten aufgesucht, denn ich wollte die Geheimnisse anderer Kulturen und Religionen entdecken. Auf meinem Weg habe ich viele Wunder gesehen und erlebt. In Brasilien wurde ich von einem Macumba-Priester in Trance versetzt, der so meinen medialen Kräften seine Hochachtung bezeigte. Es war eine seltene Ehre für eine Außenstehende, an diesen Ritualen teilnehmen zu dürfen. Auf Bali beobachtete ich, wie ein Heiler in Trance eine gelähmte Frau gesund machte, indem er mit ihren Vorfahren und den Göttern sprach. Für die Balinesen ist Trance etwas Alltägliches. Ich beobachtete junge Männer, die bei Zeremonien von Tempelpriestern in Trance versetzt und dann von Ragda (der bösesten aller Hexen) besessen wurden, so daß sie sich die Brust mit Dolchen durchbohrten; aber weil sie sich in einem veränderten Bewußtseinszustand befanden, floß kein Blut, und die Wunden heilten ungewöhnlich schnell.

Bei einem Feuertanz zeigte sich die Macht des Geistes über den Körper, als ein Junge aus dem Dorf in Trance über ein Feuer tanzte, ohne eine einzige Verbrennung davonzutragen. Die Zuschauer verbrannten sich an der Glut, die er aufwirbelte, während er unversehrt durch die Flammen tanzte.

In Brasilien begegnete ich Menschen, die mit Kristallen heilten. Eine Cherokee-Indianerin unterwies mich in den

Kristall-Ritualen. Ich lernte bei einem Jain-Mönch (Acharya Sushil Kumaji Maharaj), bei dem ich viel über Farbtherapie, Energieheilung, Reisen außerhalb des Körpers, Visualisierung, die Kraft der Gedanken und die Entwicklung der Hellsichtigkeit erfuhr. Er war ein Vorkämpfer für den Frieden und Oberhaupt der friedlichen und mächtigen Jain-Religion.

Ich bin durch die Welt gewandert und habe esoterisches Wissen aus zahllosen Quellen zusammengetragen; ich habe geheilt und gelehrt und gebe jetzt das, was ich gelernt habe, an ein größeres Publikum weiter.

Wir alle haben die Kraft, uns selbst und andere zu heilen. Ich stelle das in diesem Buch enthaltene Wissen in der Hoffnung vor, daß es Ihr Leben verbessert und Ihnen hilft, einen weiteren Schritt auf dem wunderbaren Weg zur Erleuchtung zu tun.

Wasser-Meditation

Die heilende Magie des Wassers

Ohne Wasser könnte weder die Erde noch der Mensch überleben. Von unserer ganzen Konstitution her sind wir auf Wasser angewiesen. Wasser reinigt und nährt und erhält alles Leben, das wir kennen.

Dieses Buch tritt dafür ein, das Wasser wieder zu etwas Heiligem zu machen. Denken Sie daran, wieviel Freude das Wasser der Menschheit bringt. Kinder, die am Strand in der Brandung herumtollen … Muscheln … die wunderschön gefärbten, von den Gezeiten abgeschliffenen Steine … die herrlichen Korallenriffe, welche die Bewohner des Ozeans beherbergen. Denken Sie an die Nahrung, die aus dem Meer kommt und die Menschheit seit Jahrtausenden ernährt.

Das Wasser ist etwas Geheimnisvolles.

Siddharta saß am Flußufer unter einem Baum und hörte dem Rauschen des Wassers zu, bis er die kosmischen Geheimnisse des Universums erkannte, die der Fluß ihm offenbarte. Siddharta wurde am Wasser erleuchtet. Er wurde zum Buddha.

Die Menschen haben hinter den Geheimnissen des Lebens immer eine Bedeutung gesucht, und das Wasser ist das größte Geheimnis von allen. Ich möchte mit diesem Buch neues Licht auf ein sehr wirkungsvolles Heilmittel werfen, das bei Ihnen ganz schlicht aus dem Wasserhahn kommt und immer verfügbar ist.

Gesundheit ist unser wertvollstes Gut. Die Bewahrung dieses Schatzes ist ein fortwährender Prozeß, der sehr viel mehr verlangt als die obligatorische jährliche Vorsorgeuntersuchung. Der Arzt stellt dabei vielleicht fest, daß Ihren Organen nichts fehlt, aber was sieht er von Ihren Gefühlen? Was weiß er von Ihrem Geist? Das Wasser kann Ihnen helfen, mit dem Geist in Kontakt zu kommen. Und wenn der Geist friedvoll ist, entsteht zwischen Körper und Seele ganz sicher Harmonie. Um das Leben voll zu erleben, müssen Sie dem Geist erlauben, sich emporzuschwingen – und wenn der Geist niedergeschlagen oder mutlos ist, müssen wir etwas tun, damit er sich wieder »berappelt«. Bäder bewirken dies auf sehr kreative Weise, denn Wasser besitzt viele magische Eigenschaften, die uns heilen und das Leben fördern. Wir alle wissen, daß Wassermangel zu Krankheiten, Dürre und Hungersnöten führt und das Wohlergehen von Pflanzen, Tieren und Menschen bedroht.

Machen wir uns also auf eine liebevolle Reise zu uns selbst. Wir können die Welt zu einem besseren Ort machen, wenn wir uns selbst lieben und gut für uns sorgen. Es sind die kleinen Dinge, die zählen; ein heilendes und beruhigendes Bad nimmt nicht viel Zeit in Anspruch und kostet nicht viel Mühe, gibt uns aber sehr viel zurück.

Kleine Geschichte des Badens

Der Weg zur Gesundheit führt über ein aromatisches Bad und eine Massage täglich.
Hippokrates
Griechischer Arzt, Vater der Medizin

Seit alters her gilt das Baden als unerläßlich, um körperlich und seelisch gesund zu bleiben. Hippokrates wußte, daß zu wirklicher Gesundheit ein gesunder Geist und ein gesunder Körper gehören. Schon 4000 v. Chr. stiegen die alten Ägypter ins Bad, um den Geist zu heilen; von bestimmten aromatischen Bädern wurde angenommen, daß sie eine magische Wirkung auf den Körper ausübten.

Die Ägypter entdeckten, daß Düfte Geist und Seele eines Menschen tiefgreifend beeinflussen können. Sie badeten gern und benutzten dabei oft Aromaöle, um Körper und Seele zu pflegen.

Kyphi, das »Opium der Massen«, war ein Parfüm, das bekannt dafür war, spirituelle Visionen zu erzeugen. Plutarch, der große griechische Historiker, schrieb über Kyphi: »Seine aromatischen Substanzen lullen in den Schlaf, beheben Ängste und sorgen für erfreuliche Träume. Es besteht aus Substanzen, die uns nachts am meiste Freude bereiten.« Man nimmt an, daß Kyphi das erste Parfüm der Welt war. Die

einzige bis heute erhaltene Flasche wurde im Grab Tutanchamuns entdeckt. Bemerkenswerterweise besaß ihr Inhalt auch nach 3300 Jahren noch einen wahrnehmbaren Duft.
Ägyptisches Parfüm war im alten Griechenland genauso in Mode wie heutzutage französisches Parfüm. Die Griechen und Römer erhoben die Herstellung parfümierter Öle zur Salbung des Körpers und zur Aromatisierung von Bädern zu einer regelrechten Kunst. Caligula gab enorme Summen für parfümierte Bäder aus, denn er glaubte, sie könnten seinem von sexuellen Exzessen erschöpften Körper neue Kraft verleihen.
Vor der Entwicklung der modernen Medizin nahmen die Menschen Gesundheit und Heilung selbst in die Hand. Ihre Instinkte waren auf die Natur eingestimmt, und genauso wie Tiere in der Wildnis instinktiv von den Pflanzen angezogen werden, die ihnen helfen, erkannten die Menschen intuitiv, wie sie sich mit natürlichen Mitteln selbst heilen konnten.
Alle alten Kulturen besaßen ein gründliches Wissen über Heilpflanzen, Massagetechniken und Badetherapien, die der Gesundheit förderlich waren.
Auf dem Höhepunkt der griechisch-römischen Kultur waren Bäder wegen ihres majestätischen Glanzes und ihrer Eleganz berühmt. Die großen Badehallen wurden von den besten Künstlern und Handwerkern stilvoll ausgestattet. Eingelegte Edelsteine und Metalle blendeten das Auge; große Kunstwerke wurden in Auftrag gegeben oder als Kriegsbeute mitgebracht. Statuen von Herkules, dem Gott der Kraft, und Hygeia, der Göttin der Gesundheit, wachten als himmlische Aufseher über die Baderituale.
Die Krieger wollten durch das Baden vor allem robuste Ge-

sundheit und körperliche Stärke erwerben. Das Bad war für sie nicht nur Luxus oder Vergnügen; es gehörte zum rigorosen Training, das sie auf künftige Schlachten vorbereiten sollte.

Jede Stadt hatte ein »Großes Bad«, das von den Einwohnern täglich aufgesucht wurde. Es besaß Lesehallen, Galerien und Massageräume und wurde aus öffentlichen Mitteln finanziert.

Hippokrates schrieb in seinen Aphorismen: »Aromatische Bäder sind nützlich bei der Behandlung von Frauenkrankheiten.« Er wurde zum Vater der ganzheitlichen Medizin, weil er seinen Patienten bei der Heilung möglichst wenig Unbehagen bereiten wollte. Er befürwortete Massagen, Musik und Düfte, um Schmerzen zu lindern und Krankheiten zu heilen, und er glaubte auch, daß Baden und Weingenuß heilend wirkten. Es versteht sich von selbst, daß eine Kombination dieser beiden Mittel köstliche Möglichkeiten bietet, um Körper und Seele zu entspannen.

Heute beginnen wir, diese alten Genüsse wiederzuentdecken. *Heilbäder* zeigt Ihnen, wie Sie mit Hilfe des Badens Geist, Körper und Seele heilen können.

Friedliche Pausen vom Streß des Lebens spielen eine wichtige Rolle für unser Wohlbefinden. Deshalb lade ich Sie ein, nach innen zu gehen und eine Atmosphäre friedvoller Zurückgezogenheit zu schaffen, in der Sie sich auf eine wundervolle Reise begeben können. Lassen Sie zu, daß Ihr Geist Ihnen den Weg zu Entspannung, Verjüngung und reinem, unverfälschtem Vergnügen zeigt.

Ein paar Worte, bevor Sie beginnen

Beim Weiterlesen werden Sie auf Bäder stoßen, deren Zutaten Ihnen möglicherweise fremd sind; die meisten Zutaten sind jedoch im nächsten Lebensmittel- oder Naturkostladen erhältlich.

Anmerkungen zu den Zutaten in den Baderezepten

Öle Ätherische Öle können entweder pur oder mit Pflanzenöl, Honig oder Sahne vermischt ins Badewasser gegeben werden. Ein Honig- oder Sahnebad hat den zusätzlichen Nutzen, die Haut zu nähren, und sorgt dafür, daß sie sich samtig anfühlt. Ätherische Öle lösen sich nicht immer leicht in Wasser auf; wenn sie mit Pflanzenöl, Honig oder Sahne vermischt werden, verteilen sie sich besser im Wasser und werden von der Haut leichter absorbiert. Gießen Sie die Öle erst ins Badewasser, wenn die Temperatur stimmt. Wenn Sie die Öle hineingeben, während das Wasser einläuft, verflüchtigen sie sich schnell.

Bach-Blüten Bach-Blüten werden aus den heilenden Essenzen von blühenden Pflanzen und Bäumen hergestellt. Sie wurden vor rund sechzig Jahren von dem bekannten englischen Wissenschaftler und Arzt Dr. Edward Bach entdeckt, erforscht und getestet. Sie lösen sich leicht in Wasser auf. Geben Sie sie, genauso wie die ätherischen Öle, erst ins Wasser, wenn die Badewanne voll ist, und verteilen Sie sie mit den Händen.

Homöopathische Mittel Ich empfehle in diesem Buch, die homöopathischen Mittel in Form von Kügelchen (Globuli) zu benutzen. Sie lösen sich schnell im warmen Wasser auf.

Kräuter, Gewürze und Blüten Wann immer von »Aufbrühen« die Rede ist, bedeutet dies folgendes: Bringen Sie einen Topf mit Wasser zum Kochen, geben Sie die Zutaten hinein und lassen Sie sie 20 Minuten ziehen, ohne sie nochmals aufzukochen. Geben Sie die abgeseihte Flüssigkeit ins Badewasser. Vorsicht: Bereiten Sie die Aufgüsse nicht in Aluminiumgefäßen zu, sondern verwenden Sie nur Keramik-, Glas- oder Metallbehälter, damit der therapeutische Wert der Essenzen sich nicht verändert.

Eine allgemeine Einkaufsliste für die notwendigen Zutaten findet sich am Ende des Buches.

Teil I

Bäder, die der Seele guttun

Umsorgen Sie Ihre Gefühle

Alles in Ihrer Umgebung besitzt eine Kraft oder eine unsichtbare Energie, die es umgibt und belebt. Wenn unser Energiefeld mit der Energie anderer Menschen in Kontakt kommt, werden wir dadurch beeinflußt, ob wir es wollen oder nicht. Daher müssen wir ein feines Unterscheidungsvermögen entwickeln, um unsere wertvolle Lebenskraft zu schützen und zu bewahren. Unterscheidung ist ein kunstvoller Balanceakt. Intelligentes, geschicktes Unterscheiden bedeutet, Energien zu wählen, die zu unserer passen – Energien, die unser Leben stärken und nicht schwächen.

Wenn Sie das Gefühl haben, Ihr Gleichgewicht verloren zu haben, weil Ihre Energie von einer mit der Ihren unverträglichen Kraft »angegriffen« wurde, wirkt ein Bad wunderbar wohltuend und harmonisierend. Zu den beruhigendsten Geräuschen auf der Welt gehört das sanfte Trommeln des Regens gegen eine Fensterscheibe. Wenn Sie das sachte Plätschern der Regentropfen hören, wird das Leben plötzlich von selbst langsamer – genauso wie es beruhigt und auf fast magische Weise Sorgen und Spannungen fortschwemmt, wenn Sie an einem Wasserfall stehen. Regen und Wasserfälle sind natürliche Bäder für die Aura (Ihr persönliches Energiefeld). Auch das Baden in einer Badewanne kann uns zu einem neuen Menschen machen. Die heilenden Eigenschaften des Wassers können unsere Ängste beschwichtigen und uns auf sanfte Weise in einen Zustand tiefer Entspannung führen.

Die Baderezepte, die ich hier vorstelle, werden wahre Wunder für Ihr Wohlbefinden bewirken. In vielen kommen Kräuter und Blüten zum Einsatz, von denen seit Jahrhunderten erwiesen ist, daß sie den Geist entspannen und die Seele heilen.

Meditation für Bäder, die der Seele guttun

Die folgende Meditation können Sie bei allen in diesem Abschnitt genannten Bädern machen.

Legen Sie sich in die Badewanne, schließen Sie die Augen und konzentrieren Sie sich sacht auf Ihren Atem. Machen Sie zehn tiefe Atemzüge und lassen Sie Ihren Geist dann entspannen. Denken Sie nun an eine Zeit, in der Sie sich als Kind besonders frei und *unbeschwert* fühlten; eine Zeit, in der Sie keine Sorgen hatten und von den Problemen draußen in der Welt nichts wußten. Vielleicht waren Sie damals an einem Strand, sind Fahrrad gefahren oder haben mit Ihrer besten Freundin herumgekichert. Konzentrieren Sie sich auf diesen Augenblick und versuchen Sie, sich genau daran zu erinnern, wie Sie sich damals gefühlt haben. Ihr Körper war locker und entspannt, Ihr Geist sorgenfrei. Aus irgendeiner Quelle in Ihnen stieg ganz spontan Freude auf und überschwemmte Sie.

Lassen Sie Ihr ganzes Wesen zu diesem Augenblick zurückdriften, als würden Sie dort schweben und als gäbe es nichts anderes. *Spüren* Sie Ihre Freude, die spontane, vertrauensvolle Liebe in Ihrem Herzen, und stellen Sie sich vor, das Leben wäre *immer* so. Versinken Sie in diesem Gefühl und lassen Sie zu, daß diese Bilder Ihre Seele verjüngen, bis Sie sich frei und glücklich sehen. Malen Sie sich aus, daß sich alle Hindernisse wie Nebel vor der Sonne auflösen. Die Hindernisse können nicht an Ihnen haften, denn Ihr Geist ist frei, und nichts kann Sie davon abhalten, sich freudig zum Himmel emporzuschwingen.

Lassen Sie Ihre Gedanken zu Ihrem Lieblingsplatz in der freien Natur schweifen. Stellen Sie sich vor, Ihr Schutzengel oder Ihr Geistführer wäre dort bei Ihnen. *Spüren* Sie ihren Schutz und ihre Liebe. Lassen Sie sich umhegen und umsorgen, während ihre liebevolle Präsenz Ihren seelischen Schmerz lindert.

Sie haben die Macht, Ihr Leben nach den Bildern Ihrer Träume zu gestalten, denn Ihre Vorstellungskraft hat keine Grenzen. Fangen Sie also an, sich Ihr ideales Leben auszumalen; lassen Sie sich treiben, und sehen Sie, wohin Ihr höheres Selbst Sie führt!

Überblick über Bäder, die der Seele guttun

Tiefschlaf-Bad
Ideal, wenn Sie nach einem hektischen Tag überdreht sind

Anti-Streß-Bad für Manager
Bei Streß, Schlaflosigkeit und hohem Blutdruck. Stellt Gleichgewicht und Harmonie wieder her

Stärkendes Seebad
Macht vital und frisch, gibt Energie

Bad zur Öffnung des Herzens
Heilt seelische Wunden und erweckt Gefühle der Liebe

Harmoniebad
Wirkt ausgesprochen wohltuend und heilend auf die Seele

Tiefschlaf-Bad

Sorgt für einen erholsamen Schlaf

Wirkung Wenn Sie übermüdet oder überdreht sind, stellt dieses Bad ein einfaches Mittel dar, um zu entspannen und anschließend friedvoll zu schlafen. Wenn Sie erschöpft sind, wird Ihnen die Zubereitung möglicherweise sehr aufwendig vorkommen, doch das Ritual der Zubereitung bildet bereits einen Teil des Entspannungsprozesses.

1 Handvoll Kamillenblüten
2 Kamillenteebeutel
Sandelholz-Räucherstäbchen (wenn Sie wollen)
Kerzen (wenn Sie wollen)
1 Liter Wasser

Nach Belieben
8 bis 10 Kügelchen des homöopathischen Mittels Chamomilla D30 ins Badewasser geben.

Und so wird's gemacht Kochen Sie zunächst die Kamillenblüten mit 1 Liter Wasser auf und lassen Sie sie an-

schließend 20 Minuten ziehen. Legen Sie sich während dieser Zeit ein Handtuch über den Kopf, beugen Sie das Gesicht über den Topf, und atmen Sie den heilenden Kamillendampf ein. Seihen Sie die Blüten ab und gießen Sie die Flüssigkeit ins Badewasser. Machen Sie sich dann mit den zwei Teebeuteln eine Tasse Kamillentee, der zum schluckweisen Trinken in der Badewanne bestimmt ist. Lassen Sie ihn nur kurz ziehen und legen Sie die Teebeutel beiseite. Legen Sie entspannende Musik auf, zünden Sie die Kerzen und Ihre Lieblingsräucherstäbchen an und steigen Sie dann in die Badewanne. Schließen Sie die Augen und legen Sie je einen warmen Teebeutel auf die Augen. Stellen Sie sich vor, Sie wären am Meer und würden sich behaglich im weichen Sand ausstrecken. Sanfte Sonnenstrahlen wandern über Ihren Körper und wärmen ihn. Hören Sie, wie die Wellen heranrollen, und lassen Sie sich von ihnen wegtragen …
Gegen Streß und Erschöpfung hilft auch *bewußtes* Atmen. Eine einfache Technik, die Sie in der Badewanne anwenden können, besteht darin, bewußt ein- und auszuatmen und sich gleichzeitig auf die großen Zehen zu konzentrieren. Der große Zeh ist eine Reflexzone, die mit dem Kopf verbunden ist. Nach Auffassung der Yogis tritt die Energie durch den Kopf ein und verläßt den Körper durch die Füße. Diese Möglichkeit können wir nutzen, um seelische Anspannugen aus dem Körper zu lassen und den Geist zu beruhigen. (Diese Übung können Sie auch im Bett machen.)

Anti-Streß-Bad für Manager

Streß und Spannung wegschwemmen

Wirkung Dieses Bad ist gut bei Streß, hohem Blutdruck und Schlaflosigkeit. Es beruhigt den Geist, verjüngt das Herz und wirkt auch günstig bei müden, steifen oder überstrapazierten Muskeln. Zum Einsatz kommt dabei ein wundervoll männlicher Duft. Die Griechen und Römer benutzten Lavendel, um wilde Tiere zu beruhigen. Er mindert auch die Aggressivität bei Menschen, entspannt Körper und Geist und fördert das Einschlafen. Lavendel führt zu einer friedvollen Gemütsverfassung; er trägt dazu bei, daß sehr emotionale Menschen ihre Gefühle wieder unter Kontrolle bekommen, denn er stellt eine Verbindung zwischen Verstand, Handeln und Herz her. Majoran eignet sich sehr gut zur Behandlung von Herzleiden. Schon die Römer waren davon überzeugt, daß Majoranduft die Langlebigkeit fördert. Nehmen Sie dieses Bad nicht, wenn Sie vorhaben, hinterher noch sexuell aktiv zu werden – dazu wirkt es viel zu entspannend!

5 Tropfen Majoranöl (nicht mehr, da Majoran sedativ wirkt und schläfrig machen kann. Schwangere sollten Majoran nicht benutzen)
10 Tropfen Lavendelöl

Und so wird's gemacht Geben Sie die Zutaten ins warme Badewasser und steigen Sie für ungefähr 20 Minuten hinein. Denken Sie daran, den Telefonstecker herauszuziehen und Ihre Lieblingsentspannungsmusik aufzulegen.
Versuchen Sie, Ihren Verstand zu beruhigen, indem Sie sich auf Ihren Atem konzentrieren. Atmen Sie bewußt ein und aus. Werden Sie sich auch Ihres Herzschlags bewußt und spüren Sie, wie sein starker, kräftiger Rhythmus Ihren Körper mit neuer Energie erfüllt. Entspannen Sie auch Ihren übrigen Körper ganz bewußt und schicken Sie alle Gedanken an Alltagsprobleme und Streß weg.
Dieses Bad ist eine tolle Möglichkeit, um nach einem besonders nervenaufreibenden Tag abzuschalten. Wenn Sie sich selbst Gelassenheit schenken, gewinnen Sie Kraft für den nächsten Kampf – wenn Sie beschließen, ihn wiederaufzunehmen.

Probieren Sie auch die folgende Übung:
Wenn am nächsten Tag eine wichtige Besprechung ansteht, können Sie sich am Ort der Besprechung sehen. Wenn Sie noch nie dort waren, können Sie sich den Ort beliebig ausmalen. Stellen Sie sich dann das ideale Ergebnis der Besprechung vor, *und nicht nur Ihren Standpunkt!* Spüren Sie, wie sich Ihre Geschäftspartner und Sie selbst während der Besprechung verhalten, und zwar so, als fände sie bereits statt.

Sehen Sie, wie Ihre Gegner offen für Sie sind und Ihre Vorstellungen akzeptieren. Stellen Sie sich die Energie am Ort dieser imaginären Besprechung positiv, kooperativ und harmonisch vor, und daß jeder glücklich und zufrieden nach Hause geht. Streichen Sie alle Hindernisse, mit denen Sie unter Umständen rechnen, entspannen Sie sich und lassen Sie sich treiben.
Sehen Sie in Ihrem Dritten Auge (das Energiezentrum in der Stirnmitte/6. Chakra) genau, was Sie tun müssen; sehen Sie, daß das, was Sie wollen, in Harmonie mit allen Betroffenen ist.
Meditieren Sie über den Frieden.
Werden Sie innerlich still.
Lassen Sie Ihren Geist still werden.

Sie können auch folgendes im Geist wiederholen:

Affirmationen
Ich bin im Frieden.
Ich vertraue auf mich und auf das Universum, daß ich meine Ziele erreiche.
Ich vertraue darauf, daß ich mein Ziel erreiche (oder die Ereignisse herbeiführe, die gut für mich sind). Vor meinem geistigen Auge sehe ich, wie all meine Träume sich erfüllen.

Stärkendes Seebad

Gibt Energie und erfrischt nach einem anstrengenden Tag

Wirkung Aphrodite, die Göttin der Schönheit und der Liebe, tauchte bei ihrer Geburt in einer riesigen Muschel, dem Symbol der weiblichen Sinnlichkeit, aus dem Meer auf. Dieses Bad stärkt, erfrischt und belebt den Körper wie ein Bad im Meer. Seit alters her reisen die Menschen an die See, um sich jung und lebendig zu fühlen. Das Meer symbolisiert das entstehende Leben, und viele Kulturen glauben, daß das Leben aus dem Meer hervorgegangen ist.
Das Meer besitzt die besondere Fähigkeit, Körper und Seele zu heilen und zu verjüngen. Um große Wassermassen herum baut sich ein starkes elektromagnetisches Feld auf, das negative Ionen erzeugt, die das Wohlbefinden steigern. Die belebende Wirkung des Ozeans können Sie bei sich zu Hause am besten so nachahmen:

1–2 Pfund Meersalz
Körperbürste oder Luffaschwamm

Und so wird's gemacht Das Wasser sollte nicht zu heiß sein, damit das Bad Sie nicht erschöpft. Finden Sie eine angenehm warme Temperatur, geben Sie das Salz ins Wasser, und steigen Sie für 10 bis 30 Minuten in die Wanne. Massieren Sie Ihren Körper dann mit einer Bürste oder einem Luffaschwamm von den Füßen aufwärts bis zum Kopf. Danach werden Sie sich wunderbar erfrischt fühlen.

Wenn Sie wollen Duschen Sie sich nach dem Baden kurz kalt ab. Zusammen mit dem Salz und dem Bürsten wird dies Sie beleben und Ihre Energie regenerieren.

Bad zur Öffnung des Herzens

Macht wieder offen und gibt neue Hoffnung

Wirkung Dieses Bad empfehle ich, wenn Sie emotional dichtgemacht, Ihr Herz verschlossen und sich zurückgezogen haben (vor allem wegen Liebeskummer), aber wissen, daß es an der Zeit ist, Ihr Herz wieder für die Liebe zu öffnen.

7 Tropfen reines Rosenöl – Rosen symbolisieren seit Jahrhunderten in vielen Kulturen die Liebe. Wenn Sie ihren Duft einatmen, erwachen in Ihrem Herzen Gefühle der Liebe und die Depressionen vergehen
3 Tropfen Maiglöckchenöl – Maiglöckchen geben dem Herzen und den Gefühlen Kraft, so daß Sie die Liebe auf sich zukommen lassen können, ohne sich verletzlich zu fühlen

Nach Belieben
Kokosnußöl. Vermischen Sie Maiglöckchen- und Rosenöl mit Kokosnußöl, dann haben Sie immer eine wunderbar samtige Haut. Ich mache dies seit fünfzehn Jahren, und die Leute sagen, ich hätte eine sehr weiche Haut

Frische Blumen
Rosafarbene oder hellblaue Kerzen
Stimmungshebende Musik

Und so wird's gemacht Für dieses Bad sollten Sie mit frischen, duftenden Blumen, rosafarbenen oder hellblauen Kerzen und stimmungshebender Musik, zum Beispiel Gershwins *Rhapsody in Blue,* ein wunderschönes Ambiente herstellen.
Lassen Sie in der Badewanne Ihre Sinne zu sich sprechen. Atmen Sie den Duft der Blumen ein und lassen Sie sich von ihm erfüllen. Stellen Sie sich vor, daß der Duft in Ihrem Körper zirkuliert, vom Herzen nach außen, bis Sie ganz von ihm durchdrungen sind. Hören Sie auf die Musik und lassen Sie sich von ihrer Stimmung durchströmen.

Affirmationen
Ich lasse die Liebe in meinem Leben jetzt bedingungslos und freudig zu.
Ich vertraue auf die Kraft der Liebe.

Seien Sie ganz in der Gegenwart. Spüren Sie die Wärme in Ihren Zehen, spüren Sie, wie die Muskeln in Ihren Füßen sich entspannen, beobachten Sie, wie entspannt auch Ihr übriger Körper ist. Vergessen Sie Vergangenheit und Zukunft. Atmen Sie das *Jetzt* ein. Lassen Sie zu, daß die Duftöle ihren Zauber entfalten, und noch bevor es Ihnen bewußt ist, ist Ihr Glaube an das Leben und an die Liebe wiederhergestellt.

Wenn Sie einen rosafarbenen Turmalinkristall über dem Herzen tragen, werden die dort gespeicherten seelischen Schmerzen schneller heilen.

Harmoniebad für Gefühle

Wenn der Mut zu lieben Sie verlassen hat

Wirkung Dieses Bad wirkt heilend und wohltuend in Herzensangelegenheiten. Wenn Sie Unstimmigkeiten mit nahestehenden Menschen haben, die Ihnen ein Gefühl der Hilflosigkeit vermitteln, heilt und beruhigt dieses Bad Ihre Nerven.

5 Tropfen Rosenöl
5 Tropfen Rosmarinöl
5 Tropfen Maiglöckchenöl
5 Tropfen Sandelholzöl
Kerzen

Und so wird's gemacht Dies ist eine magische Kombination. Rose öffnet das Herz und behebt die Depression; Maiglöckchen geben dem Herzen körperlich und seelisch Kraft. An Tagen, an denen Sie besonders deprimiert sind, können die beiden Düfte zusammen als Parfüm aufgetragen werden. Sandelholz beruhigt die Nerven und entspannt den gesamten Körper. In den antiken Kulturen hielt man dies für den einzigen Duft, der allen Göttern gefällt. Rosmarin wird seit Jahrhunderten in vielen Ritualen benutzt, um die Liebe anzuziehen. Es steht im Ruf, die Liebe zu wecken.

Zünden Sie ein paar Kerzen an und ziehen Sie den Telefonstecker heraus, bevor Sie das Bad zubereiten. Sie können auch ein »Bitte-nicht-stören«-Schild an die Tür hängen. Konzentrieren Sie sich auf Ihren Atem, wenn Sie in der Wanne sind, und machen Sie die zu Beginn dieses Kapitels beschriebene Meditation.

Werden Sie sich Ihres Körpers und Ihrer Atmung bewußt. Spüren Sie, wie Ihr Herz sich ausdehnt. Stellen Sie sich in Ihrer Brustmitte eine Rosenknospe vor. Sehen Sie vor Ihrem geistigen Auge, wie sie sich langsam öffnet und entfaltet und Sie ganz in ein liebendes, rosafarbenes Licht hüllt. Spüren Sie, wie dieses rosafarbene Licht Ihre Gefühle heilt und Ihnen wieder Mut macht.

Atmen Sie den Rosmarinduft ein und sagen Sie sich im stillen: »Meine Beziehung zu ... ist voller Harmonie, Verständnis und Vertrauen.« Spüren Sie, wie der Ärger in Ihrer Beziehung vergeht und statt dessen positive und herzliche Gefühle von Verständnis, Mitgefühl und Liebe in Ihnen erwachen. Die Liebe kann einem Partner, einem Elternteil, einem Kind, einem Freund oder einer Freundin gelten.

Einkaufsliste für Bäder, die der Seele guttun

Wenn Sie die folgenden Zutaten vorrätig haben, sind Sie für die Augenblicke gerüstet, in denen Sie emotional auftanken müssen.

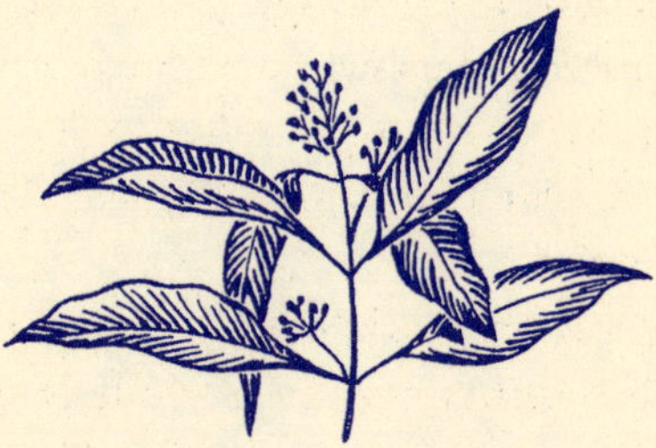

Aus dem Naturkostladen oder Reformhaus

Körperbürste, Luffaschwamm oder Meeresschwamm
Kerzen
Kamillenblüten
Kamillenteebeutel
Chamomilla D30
(homöopathisches Mittel, als Kügelchen/Globuli)
Räucherstäbchen
(Ihre Lieblingssorte oder Sandelholz)
Meersalz

Ätherische Öle

Lavendel
Maiglöckchen
Majoran
Rose
Rosmarin

Musik

Was Ihnen gefällt
Rhapsody in Blue von Gershwin

Teil II

Homöopathische Bäder

Das Ähnlichkeitsgesetz

Vor 200 Jahren verlor ein brillanter und bekannter deutscher Arzt, Samuel Hahnemann, seine geliebte siebenjährige Tochter bei einer Epidemie. Traurig und verzweifelt über das Versagen der Medizin, die sie nicht gerettet hatte, gelobte er, erst dann wieder als Arzt zu arbeiten, wenn er eine bessere Methode gefunden hätte.

Hahnemann sprach siebzehn Sprachen und verdiente seinen Lebensunterhalt eine Zeitlang mit der Übersetzung medizinischer Texte. Bei der Arbeit an einer Abhandlung über Malaria bemerkte er, daß die Symptome, die auftraten, wenn ein Gesunder Chinin nahm (das Heilmittel bei Malaria), fast identisch mit den Symptomen der Malaria selbst waren. Aufgrund dieser Erkenntnis entwickelte er die Hypothese, daß Ähnliches Ähnliches heilt. Eine Substanz, die zum Beispiel Halsschmerzen verursacht, kann auch Halsschmerzen heilen. Hahnemann nannte dies das Ähnlichkeitsgesetz.

Dutzende von Ärzten und Schülern, die Dr. Hahnemann liebten und achteten, arbeiteten mit ihm an Testreihen, durch die seine Hypothese bestätigt und zahlreiche Substanzen experimentell untersucht werden sollten. Im Lauf der Zeit erkannte er, daß auch winzigste Mengen die »Energie« einer bestimmten Substanz besitzen. Folglich enthalten ho-

möopathische Mittel unglaublich winzige Mengen der »ähnlichen« Substanz und sind daher ungefährlich, leicht handhabbar und rezeptfrei erhältlich.
Neuere Experimente in Frankreich weisen darauf hin, daß auch winzigste Mengen eines homöopathischen Mittels die molekulare Struktur des als Trägersubstanz verwendeten Wassers verändern und es energetisch auf bislang unverstandene Weise »potenzieren« können.

Bach-Blüten

Diese Heilmittel mit der Kraft der Blüten behandeln eher seelische als körperliche Symptome und werden nicht so verschrieben wie homöopathische Mittel. Sie wurden von dem englischen Homöopathen und Bakteriologen Edward Bach entwickelt, der intuitiv 38 unterschiedliche Seelenzustände erkannte. Er fand dann bestimmte Blütenessenzen, die Ungleichgewichte dieser Seelenzustände auf der feinstofflichen Energieebene beheben. Die Notfalltropfen(»Rescue«) sind das bekannteste Bach-Blütenmittel. Sie lindern seelische Traumata, die mit Notfallsituationen wie Unfällen, Feuer oder extremem Streß einhergehen. Sie tragen dazu bei, daß die Energie eines Menschen zum Normalzustand zurückkehrt, sind aber kein Ersatz für eine eventuell erforderliche medizinische Versorgung. Ich habe die Notfalltropfen bei angsterregenden Taxifahrten durch New York und einer riskanten Fahrt durch einen Schneesturm im nördlichen Staat New York benutzt.

Heilmeditation

Wiederholungsmuster loslassen, die unsere Weiterentwicklung behindern

Überlegen Sie zunächst, ob Sie Ihre Abhängigkeit von einem bestimmten Verhaltensmuster beenden wollen.
Wie jede Sucht – Drogen, Alkohol, Zigaretten, Kaffee – kann auch das Verdrängen, das Leiden und das »Abstellen« der Energien den Betroffenen ein bestimmtes Lustgefühl verschaffen. All diese negativen Verhaltensmuster, die das Energiefeld blockieren, haben *eine* Ursache: Angst. Angst ist die Grundlage jeder Sucht, denn wir haben Angst vor dem, was passieren könnte, wenn wir unsere Energien frei fließen lassen. Wenn wir offen sind und uns zeigen, sind wir verletzlich. Deshalb machen wir dicht und bleiben im Hintergrund, denn wir glauben, so könne das Leben uns nicht mehr verletzen. Es ist leichter, bei einem bekannten Verhaltensmuster zu bleiben, als den eventuell größeren Schmerz zu riskieren, sich davon zu befreien.
Um uns weiterzuentwickeln, brauchen wir Mut. Wir können ihn nur in uns finden, und das setzt voraus, daß wir uns selbst entdecken. Fragen Sie sich: »Wo ist mein Mut? Wo in mei-

nem Inneren ist er zu Hause? Wo ist er hingegangen? Wieso ist er kleiner geworden?« Die Antworten, die spontan hochkommen, werden Sie überraschen. Wir brauchen den Mut, um die Angst zu überwinden.
Denken Sie an den Mut eines Soldaten oder eines Kriegers, der den Tod riskiert, weil er siegen will. Diese Art Mut müssen Sie in sich wecken. Hier bietet sich eine gute Gelegenheit, um zu der Höheren Quelle zu beten, zu Gott oder den verschiedenen Göttern, Propheten oder Heiligen, die für Sie Bedeutung haben. Bitten Sie sie, Ihnen Ihren Mut zurückzugeben.

Affirmation

Bitten Sie um Mut, wenn Sie ein Verhaltensmuster durchbrechen möchten.

Gott, bitte mach mich stark genug.
Bitte mach mich furchtlos.
Bitte gib mir den Mut, mein Ziel zu erreichen.

Stellen Sie sich vor, daß Sie Ihr Ziel erreichen: eine gesündere, liebevolle Beziehung aufbauen; die angemessene Belohnung für Ihren Arbeitseinsatz erhalten, so daß Sie nicht unterbezahlt, manipuliert oder ausgenutzt werden; Vorgesetzte finden, die erkennen und fördern, was in Ihnen steckt. Sie brauchen Mut, um im Leben und in der Welt weiterzukommen und sie auf tiefere Weise zu erleben. Und um Ihr Leben voll und ganz zu leben, brauchen Sie Leidenschaft.
Kennen Sie Menschen, die völlig leidenschaftslos sind? Sie

scheinen unerschütterlich zu sein, und ihr Austausch mit dem Leben ist begrenzt. Ihre Überzeugungen schränken sie ein, und ihr Leben läuft nach festen, kleinkarierten Regeln ab. Sie haben keine Leidenschaft. Stellen Sie sich jetzt einen Maler oder einen Künstler vor – jemanden wie Dali oder van Gogh, jemanden, der bei allem, was er tut, seiner Leidenschaft und seiner Phantasie folgt. Es gibt kreative Menschen, die ihre Leidenschaft so weit getrieben hatte, daß sie wahnsinnig geworden sind. Wir jedoch wollen uns auf die Inbrunst, die Freiheit, die Spontaneität konzentrieren, die wir für uns selbst wollen.

Sobald Sie diesem Innersten in sich vertrauen und sich gestatten, Ihrer Leidenschaft zu folgen, werden Sie alles im Leben erreichen, was Sie wollen.

Überblick über homöopathische Bäder

Arnikabad bei Schock und Schmerz
Wenn der Körper sich wie zerschlagen fühlt

Seelenschmerz-Bad
Notfalltropfen bei seelischen Traumata und Verstimmungen

Herzreinigungsbad
Crab Apple zur Reinigung der Seele

Jetztzeit-Bad
Emotionale Bindungen an die Vergangenheit lösen

Bad, das Sie in Bewegung setzt
Chestnut Bud, um sinnlose Verhaltensmuster abzulegen und die Energie frei fließen zu lassen

Arnikabad bei Schock und Schmerz

Wenn der Körper sich wie zerschlagen fühlt

Wirkung Arnika, ein wichtiges homöopathisches Mittel, unterstützt die Heilung von Verstauchungen, Prellungen und Muskelschmerzen. Es lindert körperliche Schmerzen aller Art, unabhängig davon, ob sie durch einen Unfall oder einen Zahnarztbesuch ausgelöst wurden. Arnika beschleunigt den Heilungsprozeß und läßt Schwellungen zurückgehen, die durch Prellungen, Stürze und Verstauchungen entstanden sind.

8–10 Kügelchen Arnika D30 im Badewasser auflösen

Und so wird's gemacht Steigen Sie je nach Bedarf für 10 bis 30 Minuten in die Badewanne. Versuchen Sie, sich möglichst gut zu entspannen. Es dauert eine Weile, bis die Kügelchen wirken; die volle Wirkung werden Sie wahrscheinlich erst ein paar Stunden nach dem Bad spüren. Aber schon während Sie im warmen Wasser liegen, wird sofort eine gewisse Besserung eintreten. Sie können dieses Bad öfters nehmen (ein- bis dreimal täglich), bis die Beschwerden verschwinden. Unterschätzen Sie die Wirkung dieses Mittels nicht, denn es besitzt eine sehr starke, gleichmäßige Heilkraft.

Je nach Art und Schwere der Verletzungen verordnen Homöopathen oft die Einnahme der Arnikakügelchen. Sie können gefahrlos zwei- bis dreimal täglich ein paar Arnikakügelchen nehmen, ohne zu baden. Und vergessen Sie die Vorstellungskraft nicht. Sehen Sie sich, wie Sie gesund sind!

Ich habe dieses Bad einem Freund von mir empfohlen, der im Speditionsgewerbe arbeitet. Weil er oft schwer heben mußte, hatte er ständig Rückenschmerzen. Er bezeichnet dieses Bad als sein »Wunderbad«, denn die andauernden Schmerzen sind weg. Nach einem harten Tag weiß er, was er zu tun hat.

Seelenschmerz-Bad

Notfalltropfen bei seelischen Traumata
und Verstimmungen

Wirkung Dieses Bad ist bei Schocks oder seelischen Traumata von unschätzbarem Wert. Ganz gleich, ob die Ursache ein Unfall oder Ärger ist, dieses Bad wird Sie beruhigen und stabilisieren. Es wirkt bei Menschen aller Altersgruppen – bei Säuglingen genauso wie bei Senioren – und stellt eine sehr beruhigende, wohltuende und heilende Möglichkeit dar, sanft und effektiv mit Traumata umzugehen. Die Notfalltropfen sollten Sie immer in Reichweite haben.

10 Notfalltropfen (Bach-Blütenessenz Rescue)
(5 Tropfen ins Badewasser, 5 Tropfen in ein Glas Wasser)

Und so wird's gemacht Geben Sie die Notfalltropfen ins warme Badewasser und steigen Sie für 10 bis 30 Minuten hinein. Stellen Sie ein Glas mit kaltem Wasser und 5 Notfalltropfen neben sich und nehmen Sie ab und zu ein Schlückchen, während Sie in der Badewanne liegen.
Sie werden überrascht sein, wie schnell Sie sich besser füh-

len. Dieses Bad eignet sich auch gut für Nächte, in denen Sie vor Sorgen nicht schlafen können, denn es wird Sie beruhigen. Nehmen Sie Ihr Glas mit ins Schlafzimmer und trinken Sie jedesmal, wenn Sie wach werden, ein paar Schlückchen. Dann wird Ihr Geist bald friedvoll sein.

Herzreinigungsbad

Crab Apple zur Reinigung der Seele

Wirkung Die Bach-Blüte Crab Apple (Holzapfel) wirkt heilend bei Menschen, die sich beschmutzt, belästigt oder mißbraucht fühlen. Sie ist angebracht, wenn das Selbstbild negativ und die Selbstachtung niedrig ist. Crab Apple befreit Ihre Seele und Ihre Aura von diesen Gefühlen. Holzapfelöl wurde ursprünglich zur Salbung und zur Reinigung von Liebesaltären benutzt. Ihr Körper ist Ihr Tempel, und wenn Sie ihn mit Holzapfelöl salben, entfernen Sie Schmerz und Traumata daraus.

10 Tropfen der Bach-Blüte Crab Apple/Holzapfel
Waschlappen

Und so wird's gemacht Lassen Sie warmes Wasser in die Badewanne laufen. Drehen Sie das Wasser ab, geben Sie die Crab Apple-Tropfen hinein und verteilen Sie sie mit beiden Händen. Steigen Sie langsam in die Wanne und entspannen Sie sich. Tauchen Sie einen Waschlappen ins Wasser, falten Sie ihn, und legen Sie ihn über die Augen.

Registrieren Sie den Fluß der Gefühle in Ihrem Inneren. Listen Sie, während das warme Wasser Ihre Spannungen abbaut, im Geist Ihre positiven Eigenschaften auf. Lassen Sie nicht zu, daß sich Negatives breitmacht. Wenn ein derartiger Gedanke auftaucht, waschen Sie ihn weg, indem Sie mit der Hand leicht durchs Wasser um Ihren Körper herum fahren.

Stellen Sie sich vor, Sie wären ein heiliger Tempel auf einer Insel im Ozean. Es ist ein herrlicher Tag, warm und sonnig. Das friedvolle, stete Rauschen der Wellen macht Ihre Seele ruhig.

Achten Sie die Heiligkeit des Augenblicks und erinnern Sie sich nacheinander an die Ereignisse, die Ihren Schmerz verursacht haben. Wenn Sie mißbraucht oder sexuell belästigt worden sind, stellen Sie eine Verbindung zu den Stellen in Ihrem Körper her, an denen Sie Ihre Schuldgefühle und Ihre Scham festhalten.

Lenken Sie Ihren Atem in diese Bereiche und lassen Sie bewußt das eventuell vorhandene Gefühl los, daß Sie diese Vorfälle verursacht haben. Setzen Sie Ihre ganze Visualisierungs- und Konzentrationskraft ein, um sich zu vergeben und dann die Vergangenheit aufzulösen. Stellen Sie sich vor, daß die göttliche Gnade in diesem heiligen Tempel Ihre Vergangenheit befriedet. Lassen Sie sie los!

Entspannen Sie sich still noch ein paar Augenblicke und verbinden Sie sich dann rückhaltlos mit Ihrer positiven Seite und dem, was Sie an sich mögen. Wenn negative Gedanken auftauchen, schicken Sie sie einfach weg.

Affirmation
Ich bin ein reines, freies Kind. Mein Herz führt mich zu meinem Schicksal. Ich bin in Sicherheit und werde beschützt. Ein Lichtkreis umgibt mich und verbindet mich mit der Güte, Fülle und Liebe des Universums.

Nehmen Sie dieses Bad einmal wöchentlich, bis Sie das Gefühl haben, daß Ihre Heilung abgeschlossen ist.

Jetztzeit-Bad

Emotionale Bindungen an die Vergangenheit lösen

Wirkung Wir alle haben schon erlebt, daß es das beste war, jemanden loszulassen, kennen aber auch die Schwierigkeit, dies wirklich von ganzem Herzen zu tun. Es könnte eine alte Liebe sein, die schlecht geendet hat, oder eine aktuelle, die destruktiv ist. Manchmal müssen wir einen Menschen, der verstorben ist, oder Eltern, die uns negativ beeinflußt haben, loslassen.

Das Walnut-Bad trägt dazu bei, alte Bindungen zu lösen, damit neue und positivere Platz zum Wachsen haben. Walnußbäume sind zu allen Zeiten wegen ihrer Schönheit und ihrer Früchte geachtet worden. Hexen haben unter ihnen getanzt, um die Fruchtbarkeit zu erhöhen. Walnut verhilft dem Neubeginn auf allen Ebenen zum Durchbruch, unterstützt Veränderungen und positives Wachstum und gilt als starkes Heilmittel.

10 Tropfen der Bach-Blüte Walnut/Walnuß
oder 6 Walnüsse, die Sie in einem (nicht aus Aluminium bestehenden) Topf drei Stunden lang kochen

(zunächst 1 Liter Wasser nehmen und notfalls mehr nachgießen)

Und so wird's gemacht Ganz wichtig ist, daß Sie dieses Bad ernst nehmen. Wenn es richtig zubereitet wird, kappt es Ihre emotionale Verbindung zu einem anderen Menschen. Fragen Sie sich, ob Sie dies auch wirklich wollen und ob es wirklich das Beste für Sie ist.

Nehmen Sie dieses Bad nie aus Wut. Nehmen Sie es aus Liebe zu sich und Ihrem Heilungsprozeß. Denken Sie an den Menschen, den Sie loslassen müssen, und stellen Sie sich vor, daß Sie ihn freigeben, damit er den bestmöglichen eigenen Weg im Leben gehen kann. Lassen Sie Ihren Schmerz und Ihre Wut los. Stellen Sie sich vor, daß alle Bande und Fesseln durchschnitten werden und Sie frei sind, um Ihre wahre Liebe und Ihr wahres Glück in diesem Leben zu suchen.

Bleiben Sie so lange in der Wanne, wie Sie es für notwendig halten. Wenn Sie wollen, können Sie auch vor dem Schlafengehen ein paar Tropfen Walnut in einem Glas Wasser nehmen. Wiederholen Sie dieses Bad so lange, bis die Verbindung wirklich durchtrennt ist. Wenn Sie jedoch feststellen, daß Sie zu emotional werden, sollten Sie dieses Bad weniger oft nehmen.

Beim Baden

Stellen Sie sich eine Walnuß in ihrer Schale vor. Das Fruchtfleisch ist ein Same. Stellen Sie sich vor, Sie befänden sich in dieser Schale wie in einem Mutterschoß, und dieser

Same enthielte das gesamte Potential Ihres Lebens, alles, was Sie tun oder erreichen wollen.
Gehen Sie nun in der Zeit zurück zum Samen Ihres Lebens, der alle Möglichkeiten enthält. In diesem Samen ist nichts, was Sie behindern könnte.
Gehen Sie bis ganz zum Anfang zurück, und malen Sie sich alles aus, was Sie sich erträumen können – Ihr Glück, die Liebe zu Ihrem Leben, Ihre kreativen Leistungen, Ihre Gesundheit, Ihre Liebesbeziehungen, Ihren Wohlstand – alles, was Ihr Leben bereichern könnte. Stellen Sie sich vor, daß alles, was im Universum für die menschliche Entwicklung verfügbar ist, jetzt in diesem Samen zur Verfügung steht. Stellen Sie sich vor, daß der Same sich ausdehnt und so kräftig wird, daß er die Schale nicht mehr braucht. Der Same beginnt, der Schale zu entwachsen. Die Energie, die ein Sinnbild für Sie ist, dehnt sich in alle Richtungen aus, wie die Speichen eines Fahrrads, wie ein Rad des Lebens, in dem sich Ihr Dasein manifestiert. Und dieses Rad und seine Speichen verkörpern alles, was für Sie Erfüllung bedeutet.
Während der Same sich ausdehnt, löschen Sie alles, was Sie wirklich behindert – Ihre Angst, Ihr Leid, Ihre Sorgen, die Ihnen zu Anfang einprogrammiert worden sind. Sie bekommen jetzt ein neues Bewußtsein, werden sozusagen umprogrammiert, so daß Licht und nicht Finsternis Ihr Denken bestimmt. Sie löschen alle dunklen Teile Ihres Lebens, lassen die Vergangenheit los und sagen sich: »Ich werde jetzt neu geboren, ich erschaffe jetzt mein Leben neu.«
Vielleicht wollen Sie nach diesem Bad alles, was Ihnen nach dieser Meditation einfällt, in ein besonderes Tagebuch für Ihren »Bewußtseinsstrom« schreiben; dies wäre eine zusätz-

liche Möglichkeit, loszulassen und Ihren Traum von einer glücklichen Zukunft zu bekräftigen.

Versuchen Sie, sich an die Träume zu erinnern, die Sie nach diesem Bad haben. Legen Sie Papier und Stift griffbereit ans Bett, denn vielleicht sagt Ihr Unterbewußtsein Ihnen, ob Sie erfolgreich waren, oder gibt Ihnen andere wichtige Botschaften.

Bad, das Sie in Bewegung setzt

Die Energie fließen lassen

Wirkung Hören Sie auf, immer wieder dieselben Fehler zu machen, und lassen Sie festgefahrene Verhaltensmuster los. Wenn Sie bemerken, daß Sie im Leben immer wieder dieselben Fehler machen, sind Sie auch intelligent genug, das zu verändern. Ein paar häufige Bereiche, in denen festgefahrene Gleise Ihre seelische Weiterentwicklung behindern, sind Liebe, Geld, Geschäft, Karriere und Gesundheit.

20 Tropfen der Bach-Blüte Chestnut Bud/Roßkastanienknospe

Und so wird's gemacht Dieses Bad bricht die festgefahrenen Energiemuster in Körper und Seele auf; Muster, die dafür sorgen, daß Sie vor sich weglaufen, anstatt die Probleme anzugehen und sie zu verändern.
Denken Sie, während Sie in dem Chestnut Bud-Bad liegen, an ein immer wieder auftretendes negatives Verhaltensmuster in Ihrem Leben, das Sie davon abhält, Glück und Erfüllung zu finden. Stellen Sie sich dann vor, daß Sie die Phan-

tasie und die Weisheit besitzen, diese Situation so zu verändern, daß Wahrheit und Klarheit herrschen. Aktivieren Sie Ihre Vorstellungskraft, damit Sie den Haken, der Sie in dieses Muster hineinzieht, ganz klar sehen können. Lassen Sie ihn dann wie durch Zauberhand in der Luft verschwinden, so daß er nie mehr wiederkommt.

Wenn Sie an einem bestimmten Problem arbeiten, sollten Sie dieses Bad ein- oder zweimal wöchentlich nehmen, bis Sie in Ihrem Leben einen Durchbruch sehen.

Einkaufsliste für homöopathische Bäder

Präparate

Arnika – homöopathische Kügelchen (Globuli)
Bach-Blüte Chestnut Bud/Roßkastanienknospe
Bach-Blüte Crab Apple/Holzapfel
Bach-Blüte Walnut/Walnuß oder echte Walnüsse
Notfalltropfen/Rescue

Teil III

Heilende Bäder für den Körper

Zugang zur Kraft im Inneren finden

Kann das Baden in einer bestimmten Substanz wirklich innerliche Beschwerden heilen? Wenn dieser Gedanke Ihnen zu abwegig erscheint, sollten Sie an die Bäder mit Epsomer Bittersalz denken, die Sportler seit Generationen bei Muskelzerrungen oder Verstauchungen nehmen. Oder denken Sie an Umschläge und Salben, die schon seit Jahrhunderten bei den verschiedensten Leiden zum Einsatz kommen. Obwohl sie äußerlich angewandt werden, wirken sie innerlich. Wissenschaftlich betrachtet stellt die Haut das größte Körperorgan dar. Für die Verbindung zwischen dem Äußeren des Körpers und seinen inneren Funktionen ist sie so wichtig, daß ein Mensch sterben kann, wenn die Atmung oder die Ausscheidungsfähigkeit dieses Organs behindert wird.

In Frankreich hat die Arbeit des Botanikers und Pflanzenheilkundigen Maurice Mességué starke Beachtung gefunden. Mit Hand- und Fußbädern auf Kräuterbasis hat er bei vielen Leuten, sogar bei Päpsten und Präsidenten, eine erstaunliche Palette von Krankheiten geheilt.

Bei den folgenden Heilbädern standen zahllose Quellen Pate – die indianischen Schwitzhütten genauso wie die Heilwässer der europäischen Thermalquellen, die Zauberkessel der alten Druiden genauso wie die Vulkanasche der Südsee-

Inselparadiese. Alle Bäder tragen dazu bei, den Körper zu heilen und eine Atmosphäre zu schaffen, die auch dem Geist neue Kraft gibt.

Diese Bäder fördern den Zugang zur Kraft im Inneren und zu jenen großen Energien, die Ihre Schmerzen beseitigen und Ihr Wohlbefinden wiederherstellen können.

Die Bäder, die ich in diesem Kapitel vorstelle, haben sich bewährt. Wichtig ist die Einsicht, daß wir bei Schmerzen oder Krankheit *selbst etwas* tun können und zur Besserung unseres Befindens nicht immer auf fremde Hilfe zurückgreifen müssen. Wenn wir an unserem Heilungsprozeß aktiv mitwirken, bekräftigen wir unseren Willen, Körper, Geist und Seele ins Gleichgewicht zu bringen und sie wieder gesund zu machen.

Gesundheitsmeditation

Es ist wichtig, sich klarzumachen, daß zwischen seelischer und körperlicher Krankheit eine Verbindung besteht. Leider arbeiten viele Menschen eher dem Tod als dem Leben in die Hände.

Welche Verpflichtung, wirklich *lebendig* zu sein, sind Sie eingegangen? Inwieweit sind Sie bereit, das *Leben* voll und ganz zu leben?

Manche von uns schränken sich selbst ein. Jede Woche taucht ein neues Gebrechen, eine neue Krankheit auf. Andere scheinen gesund zu sein, ganz gleich, was passiert. Gesundheit entsteht aus der Verpflichtung, lebendig zu sein – und der Bereitschaft, die Lebenskraft *einzuatmen*, die den Körper durchdringt und mit Energie erfüllt. Die Atmung ist wichtig für die Gesundheit; sie ist mit dem Großen Atem des Universums verbunden. Achten Sie einmal darauf: Wenn Sie sich nicht wohl fühlen, atmen Sie auch nicht besonders tief. Deshalb glauben viele Leute, daß Yoga und Tai-Chi das Leben verlängern, denn sie sorgen für die bewußte Verbindung zum Atem. Die Gesundheit ist tatsächlich ein Vollzeitjob, der Bewußtheit, Disziplin und Verpflichtung verlangt.

Denken Sie an die Dinge, die Sie essen oder anderweitig konsumieren, und verpflichten Sie sich bei allem, was Sie essen oder trinken, Ihre Gesundheit und Ihr Wohlbefinden an die erste Stelle zu setzen.

Affirmation

Denken Sie:

Jeder Aspekt meines Wesens ist glücklich und lebendig.
Meine Zellen sind gesund und stark.
Meine Organe arbeiten leicht und mit voller Kapazität.

Gehen Sie die verschiedenen Teile Ihres Körpers durch und aktivieren Sie alle, indem Sie Lebenskraft in sie einatmen. Sprechen Sie mit Ihren Schmerzen. Welche Verbindung haben Sie zu Ihrem Körper, wie oft sprechen Sie mit ihm, wie oft hören Sie ihm zu? Häufig hört man: »Mein Körper hat mir gesagt, ich sollte langsamer machen, aber ich hab' einfach nicht auf ihn gehört.« Es ist wichtig, daß wir anfangen, auf den Körper zu hören.
Lassen Sie sich Zeit, auf Ihren Körper zu hören und mit ihm zu sprechen, während Sie die folgenden Bäder nehmen. Lassen Sie sich Zeit, zu atmen und sich vorzustellen, wie Sie sich Ihrer Gesundheit und Ihrem Wohlbefinden uneingeschränkt verpflichten. Denken Sie daran, daß eine positive Lebenseinstellung die stärkste Medizin ist.

Überblick über heilende Bäder für den Körper

Erkältungsbad
Bei Erkältungen und Grippe

Chinesisches Ingwer-Bad
Bei Erkältungen und Grippe, und wenn alles weh tut

Gelenkbad
Bei Arthritis und Rheuma

Kopfschmerzbad
Lindert Kopfschmerzen

Frauenbad
Bei frauenspezifischen Problemen und Infektionen

Meeresbad
Reich an Mineralstoffen, zur Reinigung und Entgiftung

Katerbad
Nach übermäßigem Alkoholgenuß

Vulkanasche-Bad
Gegen Erschöpfung

Schlankmacher-Bad
Damit die Pfunde verschwinden

Erkältungsbad

Bei Erkältungen und Grippe

Wirkung Dieses Bad trägt dazu bei, den Schleim in den oberen Atemwegen zu beseitigen, die Durchblutung zu verbessern und Kopfschmerzen zu lindern. Ein warmes Bad kann tatsächlich Nebenhöhlenkopfschmerzen verringern und eine verstopfte Nase freimachen. Dr. Lloyd Rosenvold, ein bekannter Arzt, hat die Wirkung von heißem Wasser auf die Füße untersucht und entdeckt, daß die Blutgefäße in den Füßen sich durch heißes Wasser weiter ausdehnen als normal. Um die erweiterten Arterien zu füllen, wird das Blut aus dem Kopf abgezogen, was die Nasenwege freimacht.

Dr. Richard Hansen, ein anderer Forscher, der ausgiebig in diesem Bereich gearbeitet hat, hat festgestellt: »Ein heißes Bad bei den ersten Anzeichen von Schnupfen beruhigt nicht nur Nerven, Muskeln und Gelenke, sondern trägt auch dazu bei, die Erkältung abfließen zu lassen … Ein heißes Bad oder eine Dusche, bei denen die Körpertemperatur auf 39,4° C erhöht wird, vermehrt die Zahl der weißen Blutkörperchen, welche die Infektionen bekämpfen, in fünf Stunden um das

Dreifache … Außerdem vermehren sich die meisten Grippe- und Erkältungsviren bei einer Temperatur von über 38,6° C nicht mehr.« (Zitiert aus *Prevention How-to Dictionary of Healing Remedies and Techniques*, Rodale Press *1992)*.

5 Tropfen Eukalyptusöl (um die Nasenwege freizumachen)
5 Tropfen Pfefferminzöl (um den Körper zu kräftigen)
5 Tropfen Lavendelöl (regt die Produktion von weißen Blutkörperchen an, welche die ansteckenden Bakterien bekämpfen)
2 Eßlöffel Vitamin C in Pulverform
8 Tropfen Thymianöl (oder ein Aufguß mit einer Handvoll frischem Thymian, wenn sich im Brustkorb Schleim angesammelt hat; dies stärkt auch das Immunsystem)

Und so wird's gemacht Steigen Sie für so lange in die Wanne, wie Ihnen angenehm ist. Wichtig ist, daß Sie sich

entspannen. Hängen Sie ein »Bitte-nicht-stören«-Schild an die Tür, ziehen Sie den Telefonstecker heraus und trinken Sie viel heißes Wasser mit Zitrone und Honig.
Sehen Sie sich anschließend einen lustigen Film an, damit Ihr Verstand die Beschwerden vergißt, und gehen Sie dann schlafen. Später am selben Tag können Sie noch ein zweites Bad mit Ingwer nehmen, um überschüssigen Schleim aus den Atemwegen abzuziehen. Es ist immer am besten, das Ingwer-Bad abends zu nehmen.
Geben Sie vor dem Schlafengehen ein paar (3–4) Tropfen Eukalyptusöl auf das Kopfkissen, und zwar in einem Bereich, der nicht in Kontakt mit Ihrer Haut kommt. Eukalyptusöl ist bekannt dafür, Erkältungen über Nacht auszutrocknen. Es ist leicht und klar und hinterläßt auf der Bettwäsche keine Flecken.

Chinesisches Ingwer-Bad

Bei Erkältungen und Grippe, und wenn alles weh tut

In China wird Ingwer seit langem medizinisch genutzt; dort trinkt man Ingwer-Tee, um Erkältungen, Grippe und andere Beschwerden zu heilen.

Wirkung Dieses Bad hat bei vielen meiner skeptischsten Kunden gewirkt, und sie schwören darauf. Es hilft sehr gut, wenn verletzte Gelenke sich wieder bemerkbar machen oder wenn Sie ständig Schmerzen haben; es wirkt auch wohltuend bei Erkältungen, Grippe, Ischias, Muskelschmerzen und Arthritis.

30 g Ingwerpulver

Nach Belieben
Frische Ingwerwurzel für Tee

Und so wird's gemacht Geben Sie 20–30 g Ingwer ins Badewasser. Wenn Sie eine empfindliche Haut haben, sollten Sie mit 15 g beginnen und die Menge nach 5 Minuten steigern. Um den Genitalbereich herum müßten Sie ein leichtes Kribbeln spüren. Bleiben Sie 20 Minuten im Wasser. Sie werden spüren, wie Ihr ganzer Körper sich aufheizt, und in Ihren Gelenken wird sich heilende Wärme ausbreiten. Bei schwerer Arthritis sollten Sie nach dem Bad 15 Sekunden lang kalt duschen, damit die Ingwer-Hitze in den Gelenken bleibt.
Bei Erkältungen oder Grippe wärmt Ingwer den ganzen Körper auf und trägt dazu bei, daß Sie die Gifte ausschwitzen. Wenn Sie sich zittrig oder schwindlig fühlen, sollten Sie das Bad beenden, denn dann hat der Ingwer seinen Zweck erfüllt.
Vergessen Sie beim Baden nicht, wie stark Ihr Geist am Heilungsprozeß beteiligt ist. Positives Denken, Visualisieren und Beten wirken ausgesprochen günstig.

Hand- oder Fußbad

Tauchen Sie Hände und/oder Füße 20 Minuten in eine Schüssel mit Ingwer und heißem Wasser; spülen Sie sie dann mit kaltem Wasser ab.
Gehen Sie nach dem Baden ins Bett, packen Sie sich warm ein und lassen Sie zu, daß Ihr Körper selbst sein Gleichgewicht wiederherstellt. Wenn Sie wollen, können Sie eine Kassette mit einer geführten Heilmeditation auflegen.

Ingwer-Tee

Wenn Sie dieses Mittel benutzen, haben Sie nie mehr Halsschmerzen. Geben Sie bei den ersten Anzeichen 3 oder 4 Scheiben frische Ingwerwurzel (ungefähr groschendick) und 3 Tassen Wasser in einen Topf. Lassen Sie das Ganze aufkochen und dann 20 Minuten ziehen. Geben Sie Honig dazu, wenn Sie wollen, und trinken Sie eine Tasse Tee, oder über den Tag verteilt mehrere Tassen.

Gelenkbad

Beinwell und Chaparral

Wirkung   Dieses Bad wirkt allgemein heilend und verjüngend auf die Gelenke und hilft besonders gut bei Arthritis und Rheuma.

3 Tropfen Eukalyptusöl (wenn Sie wollen, wirkt entzündungshemmend)
1 Handvoll Beinwellblätter
2 Handvoll Chaparral (speziell für die Gelenke und bei Rheuma)

Nach Belieben
1 Tasse Tee mit 1/2 Teelöffel Beinwell und 1/2 Teelöffel Chaparral
Etwas Honig zum Süßen

Und so wird's gemacht   Beinwell wird oft als »Knochenmittel« bezeichnet, denn man benutzt ihn seit über 2000 Jahren, um Knochenbrüche und Wunden zu heilen.
Die heilende Substanz in Beinwell ist Allantoin, das zum

Selbstschutz des Körpers beiträgt, indem es nach einer Operation oder Verletzung die Neubildung von Zellen anregt.
Aus frisch geriebener Beinwellwurzel kann (mit etwas Wasser) eine Paste hergestellt werden, die Verbrennungen lindert. Kleine Schnittwunden und Schrammen können mit Beinwelltee (aus frischen Blättern) behandelt werden; tränken Sie ein Baumwolltüchlein oder Watte damit, und legen Sie dies auf die Haut. Beim Baden werden die heilenden Eigenschaften der Pflanze vom ganzen Körper absorbiert.
Im Mittelalter galten die Mönche oft als Heiler. In ihren Gärten wuchs immer Beinwell, mit dem sie Kranke und Verletzte behandelten. Damals war auch der Mythos verbreitet, daß ein Beinwellbad die Jungfräulichkeit wiederherstellt.
Lassen Sie Beinwell und Chaparral (insgesamt eine Handvoll) 20 Minuten in heißem Wasser ziehen, gießen Sie die Flüssigkeit ab und geben Sie sie ins heiße Badewasser. Legen Sie sich 20 bis 30 Minuten hinein und spüren Sie, wie Ihre Gelenke sich entspannen und beweglich werden.
Beinwell und Chaparral ergeben einen wunderbaren Heiltee, wenn Sie ihn mit Honig süßen. Trinken Sie ihn beim Baden oder morgens nach dem Aufwachen.

Kopfschmerzbad

Lindert Kopfschmerzen

Wirkung Dieses Bad öffnet die Poren, so daß Blut und Sauerstoff im Kopf zirkulieren können und die Kopfschmerzen vergehen. Für die verschiedenen Formen von Kopfweh müssen verschiedene Düfte benutzt werden.

2 Tropfen Pfefferminzöl auf einer Kompresse für die Stirn oder 5 Tropfen im Badewasser können bei allen Kopfschmerzen benutzt werden
2 Tropfen Lavendelöl auf einer Kompresse für die Stirn oder 5 Tropfen im Badewasser bei Kopfschmerzen, die durch eine Verspannung im Nacken oder eine Überanstrengung der Augen verursacht wurden
2 Tropfen Kamillenöl auf einer Kompresse für die Stirn oder 5 Tropfen im Badewasser bei Kopfschmerzen, die vom Magen kommen oder durch nervöse Spannungen hervorgerufen wurden

Nach Belieben
3 Tropfen Eukalyptusöl bei Nebenhöhlenkopfschmerzen

Und so wird's gemacht Massieren Sie vor dem Baden etwas Lavendelöl in den Nacken ein. Steigen Sie ins warme Badewasser und legen Sie sich ein Handtuch mit Eiswürfeln auf die Stirn oder um den Kopf. Massieren Sie die Schläfen und die Schädelbasis mit zwei Fingern. Geben Sie dazu einen Tropfen des für Ihre Kopfschmerzen geeigneten Öls auf jeden Finger.

Atmen Sie langsam durch die Nase ein und durch den Mund aus. Stellen Sie sich vor, daß die eingeatmete Luft weiß und hell ist und der ausströmende Atem all Ihre Schmerzen und Ihre Negativität enthält, die sich dann in der Luft verflüchtigen. Ruhen Sie sich nach dem Bad aus.

Frauenbad

Bei frauenspezifischen Problemen und Infektionen

Wirkung Dieses Bad eignet sich bei vaginalen Infektionen (auch Candida), Blasenentzündung, Zysten und Problemen mit dem Fortpflanzungssystem. Es trägt dazu bei, die Hormone und den Monatszyklus wieder ins Gleichgewicht zu bringen. Nehmen Sie dieses Bad, wenn Sie irgendwelche Infektionen haben; es fördert deren Heilung und hat eine beruhigende Wirkung auf den ganzen Körper.

Je eine Handvoll der folgenden Kräuter,
die Sie 20 Minuten in 2 Litern Wasser
wie Tee anbrühen und dann durch ein
Teesieb abfiltern:
Salbei
Thymian
Rosmarin
Ganze Gewürznelken

Und so wird's gemacht Gießen Sie den Tee ab und geben Sie ihn ins Badewasser. Möglicherweise verfärbt das Wasser

sich bräunlich, aber das ist normal. Entspannen Sie sich 20 Minuten in der Badewanne.
Denken Sie dabei an eine aktuelle seelische Situation, die Sie belastet – im allgemeinen wird dies eine Liebesbeziehung sein – und überlegen Sie, ob sie daran schuld ist, daß Sie emotional oder sexuell »dichtgemacht« haben. Haben Sie zur Zeit irgendwelche sexuellen Schuldgefühle oder ungelöste Probleme mit Männern in Ihrem Leben? Schauen Sie gründlich nach innen, und vielleicht stellen Sie dann überrascht fest, daß zwischen Ihrem Beziehungsproblem und Ihrem gegenwärtigen körperlichen Problem eine Verbindung besteht.
Manchmal bekommen Sie nach einer wundervoll intensiven Liebesnacht eine Blaseninfektion. Das vorliegende Bad lindert die Beschwerden, so daß Sie nur noch positive Erinnerungen zurückbehalten.
Hier noch ein altmodisches Mittel, das immer funktioniert: Nehmen Sie eine geschälte Knoblauchzehe und plazieren Sie sie über Nacht in der Vagina. Das geht am besten, wenn Sie Baumwolle mit kaltgepreßtem Olivenöl tränken, die Knoblauchzehe hineinwickeln und so etwas wie ein Vaginalzäpfchen herstellen. Machen Sie sich keine Gedanken wegen des Knoblauchgeruchs, denn er ist außen nicht wahrnehmbar. Dieses Mittel hat meine schlimmsten Infektionen in zwei oder drei Nächten geheilt. Eine Knoblauchzehe verhilft auch verspäteten Perioden zum Durchbruch und lindert so das prämenstruelle Syndrom.
Dieses Bad können Sie auch als Fuß- oder Handbad nehmen, wenn an Händen oder Füßen eine Infektion vorliegt.

Meeresbad

Zur innerlichen Reinigung und Entgiftung

Wirkung Dieses Bad befreit den Körper von Abfallstoffen, die unseren Schwung bremsen können. Meeresalgen sind reich an Mineralstoffen (Magnesium, Kalium, Eisen, Zink), durch die Giftstoffe sehr gut aus dem Organismus entfernt werden. Meeresalgen haben außerdem antibiotische Wirkungen.

250 g französische gefriergetrocknete Meeresalgen
10 Tropfen Ihres bevorzugten ätherischen Öls

Nach Belieben
Vermischen Sie die Algen mit Wasser zu einer Paste, die Sie sich beim Baden als Verjüngungsmaske aufs Gesicht legen

Und so wird's gemacht Bei diesem Bad sollten Sie sich Gesundheit, Kräftigung und Lebendigkeit vorstellen. Denken Sie daran, welche Kraft das Meer hat; daß das Leben aus dem Meer entstanden ist; an die vielen Nahrungsmittel, die

es uns schenkt – Fische, Algen, Schalentiere … Das Meer ist reich und bringt vielfältiges Leben hervor. Die Lebenskraft des Meeres dringt während des Bades in Ihren Körper ein. Sie spüren regelrecht, wie die Lebenskraft einströmt und Gifte, Störungen und Unreinheiten wegschwemmt – das Meer spült sie einfach weg. Es liebkost unsere Nerven wie sanfte Wellen am Strand. Spüren Sie, wie die kühle Brise Ihr Herz kräftigt. Malen Sie es sich aus, während Sie in der Badewanne liegen … die frische, kühle Luft, den warmen Sonnenschein. Stellen Sie sich vor, daß Sie eins werden mit dem wunderschönen Strand, daß Sie immer leichter werden und all Ihre Sorgen davongespült werden, daß Sie frei dahingleiten und jede Zelle Ihres Wesens sich verjüngt. Dieses Meeresbad soll Geist, Körper und Seele verjüngen. Dazu trägt auch die Algengesichtsmaske bei.

Katerbad

Nach übermäßigem Alkoholgenuß

Wirkung Für den Morgen nach einer durchzechten Nacht.

5 Tropfen Fenchelöl
3 Tropfen Wacholderöl
8 Tropfen Rosmarinöl
2 Eßlöffel Vitamin C in Pulverform
Saft einer halben Zitrone
in einem Glas mit heißem Wasser

Und so wird's gemacht Geben Sie alle Zutaten in die volle Badewanne und verrühren Sie sie. Da Alkohol dem Körper das lebensnotwendige Wasser entzieht, stellt dieses Bad eine gute Möglichkeit dar, das Gleichgewicht wiederherzustellen. Schlürfen Sie während des Badens ein Glas mit heißem Wasser und Zitronensaft und legen Sie eine Kompresse mit der Badewassermischung auf die Stirn.
Zur Zeit der Prohibition in den wilden zwanziger Jahren stellten Schwarzbrenner in den USA den Alkohol bekanntlich in ihren Badewannen her – den sogenannten Badewan-

nen-Gin. Weniger bekannt ist, daß die Badewanne während der Prohibition auch benutzt wurde, um einen Kater mit Hilfe von Entspannung loszuwerden.
Wenn Sie dies ebenfalls vorhaben, sollten Sie zunächst ein paar Minuten lang auf Ihren Atem achten. Wenn Sie dann tief entspannt sind, können Sie den Kontakt zu Ihrer Kraft und Ihrem Willen herstellen. Schicken Sie heilende Energie in diejenigen Bereiche Ihres Körpers, die aus dem Gleichgewicht sind. Wir alle haben die Kraft zu heilen – unsere Zellen besitzen eine innere Intelligenz, die heilen und aufbauen kann. Benutzen Sie Ihre Phantasie so kreativ wie ein Kind. Sehen Sie, wie Sie sich wohl fühlen und voller Energie sind, wie Sie lachen und spielen und die Freuden des Lebens genießen. Halten Sie nur die positiven Gedanken und Gefühle fest, die Sie durchströmen, und verscheuchen Sie die negativen wie durch Zauberei.
Lassen Sie sich dann einfach treiben, entspannen Sie sich und spüren Sie, wie es Ihnen besser geht.

Vulkanasche-Bad

Gegen Erschöpfung

Wirkung Dieses Bad ist ideal, wenn Sie völlig erschöpft sind, aber einen wichtigen Tag oder Abend vor sich haben.

1 Tasse Vulkanasche (»Indian Clay«) oder
Heilerde (aus dem Reformhaus oder Naturkostladen)
1 Tasse Pfefferminztee
zum Schlürfen in der Badewanne

Und so wird's gemacht Steigen Sie für 20 bis 30 Minuten in das Vulkanasche-/Heilerde-Bad. Es hat eine total verjüngende Wirkung.
Heilerde spielt in Schönheitsbädern und -masken schon seit Jahrhunderten eine wichtige Rolle. Vor über 2000 Jahren benutzte Kleopatra bei ihrem täglichen Schönheitsritual Heilerde vom Nil und aus der Arabischen Wüste.
In berühmten Heilbädern in Deutschland und Italien (von denen einige auf die Zeiten der Römer zurückgehen) wurden Packungen und allgemeine Behandlungen mit Heilerde zur Heilung und Schönheitspflege benutzt. Viele bekannte Na-

turheilkundler, wie Kneipp, Vuhn und Just, haben auf Heilerde zurückgegriffen.
Versuchen Sie, während des Badens Ihren Geist zu entspannen. Lassen Sie ihn zu angenehmen Gedanken, Gefühlen und Erinnerungen wandern. Wenn ein negativer Gedanke auftaucht, hüllen Sie ihn in eine Blase aus weißem Licht und stellen Sie sich vor, wie er aus Ihrem inneren Gesichtsfeld verschwindet. Sehen Sie, wie er sich auflöst. Legen Sie stimmungshebende Musik auf und genießen Sie Ihren Pfefferminztee.
Spülen Sie Ihren Körper kurz mit kaltem Wasser ab; wenn Ihnen dies unangenehm ist, können Sie auch lauwarmes Wasser verwenden.
Aus Heilerde läßt sich auch eine Gesichtsmaske bereiten – sie gibt Ihrer Haut neue Energie und bringt erschöpfungsbedingte Fältchen für diesen Abend zum Verschwinden. Vermischen Sie die Heilerde mit Wasser oder Essig zu einem Brei, den Sie auf Gesicht und Nacken auftragen. Den Bereich um die Augen sollten Sie immer aussparen! Dies wirkt wie ein Mini-Facelifting. Ein südfranzösischer Priester vermischte im 16. Jahrhundert Apfelweinessig mit Heilerde zu einem Umschlag, der mit viel Beifall bedacht wurde.
Wunderbar gegen Erschöpfung wirkt auch Lachen. Nehmen Sie ein Comic mit in die Badewanne, um ein bißchen Humor in Ihr Leben zu bringen. Denken Sie an lustige Augenblicke in der Vergangenheit. Humor baut Streß ab, und Erschöpfung wird zum Großteil durch Streß verursacht. Deshalb sollten Sie mit Humor beginnen: legen Sie eine Kassette mit Ihrem Lieblingskomiker auf und lachen Sie Ihre Sorgen in der Badewanne einfach weg.

Schlankmacher-Bad

Damit die Pfunde verschwinden

Wirkung Die folgenden ätherischen Öle verbessern die Spannkraft des Körpergewebes und greifen das Fett in den Zellen an.

5 Tropfen Grapefruitöl
5 Tropfen Zitronenöl
5 Tropfen Salbeiöl
5 Tropfen Basilikumöl

Und so wird's gemacht Vermischen Sie alle Öle mit dem Badewasser und massieren Sie sich, während Sie in der Wanne liegen, kräftig mit einem Luffaschwamm. Massieren Sie auch 2 bis 3 Minuten die Reflexpunkte für die Schilddrüse an der Wurzel der großen Zehen. Entspannen Sie sich dann und benutzen Sie die Kraft Ihres Geistes, um sich Ihren perfekten Körper vorzustellen. Sie können auch ein Bild von sich oder einem Model mit Ihrem idealen Körpertyp gut sichtbar plazieren. Sehen Sie es an, während Sie in der Wanne liegen, und stellen Sie sich vor, Ihr Körper würde sich in diesen neuen Körper verwandeln.

Vielleicht stellen Sie überrascht fest, daß verborgene Widerstände auftauchen, während Sie versuchen, Ihren neuen Körper zu visualisieren – Gründe, die dafür sorgen, daß Sie dick bleiben. Eine Freundin von mir blieb dick, weil sie sonst nicht nein sagen konnte, wenn Männer sexuell etwas von ihr wollten. Eine andere Frau ärgerte sich über ihren Mann und bestrafte ihn auf diese Weise. Ein hübsches Mädchen im Teenageralter nahm beträchtlich zu, nachdem sie vom Freund ihrer Mutter sexuell mißbraucht worden war.

Außer der Tatsache, daß Essen Spaß macht und notwendig ist, gibt es noch viele andere Gründe, aus denen Menschen übergewichtig sind. Zahlreiche Forschungen belegen, daß Nahrungsmittelallergien Übergewicht verursachen können. Im allgemeinen haben wir einen Heißhunger auf die Nahrungsmittel, auf die wir am allergischsten sind. Wenn wir derartige Nahrungsmittel acht Wochen lang aus unserer täglichen Kost streichen, können wir die Allergie in den Griff bekommen.

Seien Sie emotional offen und versuchen Sie, die seelischen und/oder körperlichen Gründe für Ihr Übergewicht zu entdecken.

Als erstes brauchen Sie eine positive geistige Einstellung zu Ihrem Körper und Ihrem Selbstbild. Wichtig ist nicht, wieviel Ihr Körper wiegt, sondern wie schwer die Gefühle wiegen, die Sie sich selbst entgegenbringen. Dieses Gewicht muß als erstes entfernt werden – das Gewicht der negativen Gefühle, die Sie mit sich herumtragen.

Während Sie in der Wanne liegen, beobachten Sie diese negativen Gefühle, untersuchen sie, aber bewerten sie nicht – finden Sie einfach heraus, um welche Gefühle es sich handelt, und entdecken Sie mit Ihrer unendlichen inneren Wahrheit, was Sie wirklich über Ihren Körper denken. Ihre Gefühle stammen aus der Vergangenheit. Sie können durch etwas ausgelöst worden sein, was jemand vor Jahren zu Ihnen gesagt hat und an Ihnen hängengeblieben ist. Vielleicht war dieser Mensch eine Autoritätsperson, als Sie sehr klein waren. Um die Vergangenheit loszulassen, müssen Sie in der Gegenwart sein wollen; aber es ist notwendig und in Ordnung, die Vergangenheit zu erforschen, solange Sie in der Gegenwart verankert sind. Nehmen Sie die negativen Gefühle, radieren Sie sie aus und stellen Sie sich vor, daß das Gegenteil zutrifft. Das Gewicht ist unser inneres Gewicht, unser innerer Schmerz und der Schmerz, den wir vielleicht für andere tragen. Es kann auch sein, daß wir sehr sensibel sind und Schutz brauchen; dann ist unser überschüssiges Gewicht unsere Rüstung.

Übergewicht kann auch auf etwas so Einfaches wie Angst zurückgehen … die Angst, all das zu sein, was in uns steckt. Vielleicht *soll* unser Körper in diesem Leben aber auch so sein, und wenn Ihr Herz Ihnen das sagt, sollten Sie diese Tatsache bedingungslos akzeptieren. Aber wenn Sie Ihr Gewicht benutzen, um sich vor Ihrer Angst zu verstecken – oder weil Sie ein schwaches Selbstwertgefühl haben –, dann sollten Sie sich aufrichtig ansehen und dieses Bad zwei- oder dreimal wöchentlich nehmen. Betrachten Sie es als eine Zeit, in der Sie auf eine Entdeckungsreise zu sich selbst gehen. Bewerten Sie sich nicht auf der Grundlage der Gedanken, die Sie über sich hatten, sondern erkunden Sie einfach Ihre Gefühle. Tun Sie dies auch in einer zusätzlichen Meditation nach dem Baden. Die wichtigste Komponente Ihrer Meditation sollte sein, daß Sie sich selbst lieben und akzeptieren.

Affirmation
Ich liebe und akzeptiere mich so, wie ich jetzt bin.

Lieben und akzeptieren Sie Ihren Körper auch, wenn er sich verändert. Denken Sie daran, daß Sie ihn zunächst so akzeptieren müssen, wie er ist, damit Sie über eine solide Grundlage für die Veränderung verfügen.

Einkaufsliste für heilende Bäder

Aus dem Naturkostladen oder Reformhaus

Beinwellblätter
Chaparralblätter
Französische gefriergetrocknete Meeresalgen
Gewürznelken (ganz)
Heilerde (oder Vulkanasche)
Ingwerpulver
Ingwerwurzel
Rosmarinblätter
Vitamin C

Ätherische Öle

Basilikum
Eukalyptus
Fenchel
Grapefruit
Lavendel
Pfefferminz
Salbeiöl und -pulver oder -blätter
Thymianöl und -pulver oder -blätter
Wacholder
Zitronen

Teil IV

Spirituelle Bäder

Das elektrische Feld des Körpers

Stellen Sie sich einmal vor, Sie wären nicht nur der materielle Körper, den Sie sehen, sondern auch ein leuchtendes Raster elektrischer Energieströme. Stellen Sie sich dann vor, daß die aus der Akupunktur bekannten Meridiane die wichtigsten Stromkreise eines gewaltigen Netzwerks von Energieleitungen sind, die das elektrische Feld des Körpers bilden. Dieses elektrische Feld erzeugt die Aura, jenes farbenfrohe Leuchten, das einem Medium sichtbar ist und das mit Hilfe der Kirlian-Fotografie abgebildet werden kann. Die Wissenschaft versteht erst ansatzweise, was Metaphysiker (und asiatische Ärzte) seit Jahrtausenden wissen: Unsere Lebenskraft befindet sich nicht nur *in* unserem Körper, sondern *umgibt* uns auch, solange wir leben.

Weil das elektrische Feld des Körpers materielle und spirituelle Aspekte besitzt, kann ein Energieaustausch stattfinden, durch den körperliche Erfahrungen, wie zum Beispiel ein Bad, unsere Seele tiefgreifend beeinflussen.

Während die westliche Wissenschaft die Verbindung zwischen Körper, Geist und Seele erst spät gesehen hat, ist sie vielen älteren, weiseren Kulturen seit Jahrtausenden bekannt. Chinesen, Hindus und Indianer wissen, daß man erst

gesund sein kann, wenn sich alle drei Bereiche des Selbst – Körper, Geist und Seele – in Harmonie befinden.
Die spirituellen Baderituale, die ich hier vorstelle, stammen aus vielen Quellen. Benutzen Sie diese universelle Möglichkeit des »Auftankens«, um die Seele, jenen geheimnisvollen Bereich unseres Wesens, zu heilen, zu erneuern und zu schützen – und um Ihre körperliche und nichtkörperliche Seite in ein erfüllendes Gleichgewicht zu bringen.

Überblick über spirituelle Bäder

Aura-Reinigungsbad für Yogis
Das Energiefeld ordentlich »schrubben«

Seelen-Heilbad
Wenn Sie das Gefühl haben, daß jemand Ihnen Energie abzieht

Seelen-Schutzbad
Wenn unsichtbare Kräfte Sie angreifen

Seelen-Erweckungsbad
Weckt Ihre Intuition

Herz-und-Geist-Bad
Beseitigt Blockaden auf dem Weg zum Erfolg

Aura-Reinigungsbad für Yogis

Das Energiefeld ordentlich »schrubben«

Wirkung Auf der körperlichen Ebene eignet dieses Bad sich bestens zur Entgiftung und Reinigung nach Bestrahlungen, Erkältungen, Grippe und anderen Infektionskrankheiten. Dieses Bad sollten Sie in dem Augenblick nehmen, in dem Sie denken, daß Sie krank werden!
Auf der spirituellen Ebene entfernt dieses Bad Negatives aus Ihrer Aura und reinigt, belebt und erfrischt Ihre Seele.

1 Pfund Natriumbikarbonat (Natron)
1/2 Pfund Salz (Meersalz ist am besten, aber normales Speisesalz geht auch)

Nach Belieben
Kerzen (Myrten- oder Myrrhenduft)
Harfenmusik und tibetische Klangschalen

Und so wird's gemacht Wenn Sie giftige Chemikalien aus dem Körper entfernen wollen – Drogen, Alkohol, Medikamente, Pestizide, Strahlenschäden oder andere Umwelt-

gifte – sollten Sie dieses Reinigungsbad an sieben aufeinanderfolgenden Tagen täglich nehmen.
Füllen Sie die Badewanne mit angenehm warmem Wasser und geben Sie das Salz und das Natriumbikarbonat dazu. Steigen Sie für 20 Minuten hinein.
Sobald Sie anfangen, sich nicht mehr wohl zu fühlen – wenn Ihnen übel, schwindlig oder schwach wird –, sollten Sie das Bad sofort abbrechen, denn es hat seinen Zweck, die inneren Gifte zu lösen, erfüllt.
Sie werden sich allmählich immer leichter fühlen. Wenn Sie Ihren Energiekörper wahrnehmen können, werden Sie die vermehrte Bewegung in sich bald spüren.

Zur Reinigung der Aura

Legen Sie sich so lange in die Salz-Natriumbikarbonat-Mischung, wie Sie wollen.
Tauchen Sie in einen leicht meditativen Zustand ein und lassen Sie Ihren Geist mit dem aufsprudelnden Wasser nach außen driften. Stellen Sie sich vor, daß zwischen Ihrer Aura und dem Badewasser ein Austausch stattfindet ... Sehen Sie, wie die negativen Einflüsse, die Ihre Kräfte aufgezehrt haben, aus Ihnen herausgezogen und weggespült werden. Stellen Sie sich vor, wie Wut, Kummer und Unsicherheit sich in dem wohltuenden Wasser auflösen ... Sehen Sie, wie der Magnetismus des Wassers den seelischen Müll, den Sie von den Sie umgebenden Menschen aufgenommen haben, aus Ihrem Energiefeld entfernt.

Tips

Harfenmusik erzeugt in Ihrer Seele eine besondere Resonanz, während der Klang von tibetischen Klangschalen den Reinigungsprozeß in Gang setzt. Kerzenlicht trägt dazu bei, die Aufmerksamkeit auf Gott zu richten. Der Myrten- oder Myrrhenduft wird Ihr spirituelles Bewußtsein zusätzlich schärfen, ohne Ihre meditative Träumerei zu stören. Versuchen Sie, nach dem Bad auf einem mit Buchsbaum gefüllten Kissen zu schlafen. Aufgrund Ihrer schimmernden Aura kann es sein, daß Ihre Träume überraschend klar sind oder zukünftige Ereignisse vorwegnehmen.

Seelen-Heilbad

Wenn Sie das Gefühl haben, daß jemand Ihnen Energie abzieht

Wirkung Ich nenne sie seelische Vampire – jene Menschen, die uns unsere Vitalität und unsere Lebenskraft zu rauben scheinen. Manchmal sieht es so aus, als würden sie es absichtlich tun, dann wieder haben sie selbst so wenig Energie, daß sie unsere Batterien leeren, ohne es zu wollen. Nach dem Zusammensein mit einem solchen Menschen – einem Familienangehörigen, einem Mitarbeiter, einem Freund oder Liebhaber – lädt das folgende einfache Bad Ihre seelischen Batterien wieder auf.

1 Tasse Apfelweinessig

Und so wird's gemacht Füllen Sie die Wanne mit lauwarmem Wasser, geben Sie den Essig dazu und steigen Sie für 20 Minuten hinein. Anschließend sollten Sie, wann immer dies möglich ist – und sei es nur für ein paar Sekunden – barfuß nach draußen gehen, um die Negativität, mit der Sie in Kontakt waren, an die Erde zurückzugeben. Stellen Sie sich vor, wie das Negative aus Ihnen abfließt … durch Ihre Füße nach unten ins Innere von Mutter Erde, die es reinigen und in nützliche Energie umwandeln wird.

Lassen Sie sich nach diesem Bad mit dem Zubettgehen mindestens eine Stunde Zeit. Ihr Körper muß erst wieder ins Gleichgewicht kommen. Also entspannen Sie sich einfach und tun Sie etwas Angenehmes, wie Lesen oder Musikhören. Sie müssen Ihre Reserven wieder auffüllen; deshalb sollten Sie sich auch daran erinnern, wie wertvoll Sie als Kind des Universums sind.

Oft lassen wir zu, daß seelisch bedürftige Menschen unsere Energie abziehen, aber das hat das Universum so nicht gewollt. Jeder einzelne von uns ist heilig und hat die Verpflichtung, Körper und Seele zu schützen und zu erhalten.

Seelen-Schutzbad

Wenn unsichtbare Kräfte Sie angreifen

Wirkung Es gibt Zeiten im Leben, in denen die bösen Absichten anderer auf uns einstürmen. Die angreifende Kraft kann eine Gedankenform sein, die jemand erschaffen hat, der uns schaden will, oder auch eine entkörperte Wesenheit, daß heißt eine ruhelose Seele, die den Übergang zum sogenannten »Tod« nicht schafft. Es können sogar die auf Sie gerichteten bösen Absichten eines Feindes sein.
Das folgende Mittel der amerikanischen Indianer weist solche Angriffe ab, ganz gleich, woher sie kommen, und sorgt dafür, daß Sie in Sicherheit sind.

5 Tropfen Zedernöl

Nach Belieben
4 Tropfen Myrrhenöl können morgens und abends in die Ecken des Raumes gegeben werden, in dem Sie sich am verletzlichsten fühlen, um Sie vor negativer Energie zu schützen
Zedernholzspäne zum Verbrennen

Und so wird's gemacht Geben Sie 5 Tropfen reines (nicht synthetisches) Zedernöl ins warme Badewasser und steigen Sie für 20 Minuten hinein. Vielleicht wollen Sie auch wie die Indianer Zedernholzspäne in der Nähe der Badewanne verbrennen, um die Atmosphäre zu reinigen.
Ein Fenster oder eine Tür sollte offen sein, damit die negative psychische Energie entweichen kann.

Affirmation

Es gibt ein wundervolles Schutzgebet, daß Sie unter diesen Umständen vielleicht sprechen möchten. Lassen Sie sich in eine meditative, andächtige Verfassung gleiten. Wenn Sie die Identität der angreifenden Wesenheit kennen, können Sie ihren Namen einsetzen; das Gebet wirkt aber auch, wenn Sie ihn nicht kennen. Es lautet so:

Durch die Macht Jesu Christi (bzw. der Gottheit oder universellen Wahrheit, die für Sie am meisten Bedeutung hat) und mit der Fürsprache meines Schutzengels befehle ich, daß du … (Name des Angreifers) meine Aura verläßt. Geh dahin zurück, woher du gekommen bist, und erhebe dich zum Licht.

Sagen Sie dies laut und befehlend, bis Sie das Gefühl haben, daß die Gefahr vorüber ist.
Vielleicht wollen Sie dem noch mein Lieblingsschutzgebet hinzufügen. Es schützt sehr wirkungsvoll, und ich spreche es mehrmals täglich. Ich habe es von Isabell Hickey, einer großen Astrologin und Metaphysikerin:

Ich hülle mich in ein Lichtgewand, das die Liebe und die Kraft und die Weisheit Gottes ist. Ich bitte darum, daß ich geschützt werde, und daß jeder, der mit mir in Kontakt kommt oder mich sieht, sich zu Gott hingezogen fühlt und geheilt wird.

Sehen Sie beim Beten, wie dieses herrliche Lichtgewand Sie umhüllt, und Sie werden überrascht sein, wie viele mächtige Schutzkräfte Sie um sich herum spüren.

Seelen-Erweckungsbad

Weckt Ihre Intuition

Wirkung Fördert spirituelles Bewußtsein und entwickelt mediale Fähigkeiten.

Vermischen Sie je 5 Tropfen von drei oder mehr der folgenden Öle mit dem Badewasser:

Fliederöl – trägt dazu bei, vergangene Leben zu sehen, und weckt hellseherische Kräfte
Lemongrass (Zitronengras) – fördert mediale Fähigkeiten. Geben Sie beim Baden auch etwas auf die Stirn, wie Medien und Spiritisten dies tun, um den Kontakt zu Geistwesen herzustellen
Mimose – für Bäder spät am Abend. Die Mimose öffnet die Tür zu Ihrer medialen Veranlagung. Legen Sie Papier und Stift ans Bet, und schreiben Sie Ihre Träume auf. Seien Sie nicht überrascht, wenn Sie Hinweise auf die Zukunft entdecken
Wacholder – schützt und reinigt die Seele. Jedem Bad zur Weckung der medialen Fähigkeiten beigeben

Magnolie – ausgezeichnet für die Meditation, die Entwicklung medialer Fähigkeiten, Frieden und Harmonie
Muskatnuß – fördert Visionen und erweitert das Bewußtsein. Nur ganz wenig benutzen!
Kerze

Und so wird's gemacht Verteilen Sie die Öle behutsam im warmen Wasser, wenn Sie schon in der Wanne sind.
Das Dritte Auge liegt mitten auf der Stirn zwischen den Augenbrauen. Mystiker glauben, daß die Konzentration auf diesen Punkt die Intuition weckt. Wenn Sie die folgende Übung täglich machen, werden Sie Ihr Drittes Auge auf jeden Fall *spüren* und erleben.
Machen Sie die Übung zur Öffnung des Dritten Auges, während Sie in der Wanne liegen. Sie geht so:
Stellen Sie eine Kerze so, daß Sie sie sehen können, und zünden Sie sie an. Schauen Sie die Flamme an, entspannen Sie die Augen und stellen Sie sich vor, daß die Flamme sich zwischen Ihren Augenbrauen spiegelt. Konzentrieren Sie sich 1 oder 2 Minuten auf diese Stelle, und wiederholen Sie das Ganze. Schließen Sie nach einer Weile wieder die Augen, wobei Sie sich weiterhin auf Ihr Drittes Auge konzentrieren, und lassen Sie sich treiben; versuchen Sie jedoch, dabei Ihre Gedanken einzugrenzen. Wenn Ihre Gedanken Sie überwältigen, sollten Sie Ihrem Verstand Einhalt gebieten, indem Sie sich auf Ihren Atem konzentrieren. Wenn Sie beim Ein- und Ausatmen jeweils bis sieben zählen, beruhigt sich Ihr Verstand, und Ihr Drittes Auge kann sich öffnen.

Herz-und-Geist-Bad

Beseitigt Blockaden auf dem Weg zum Erfolg

Wirkung Dieses Bad trägt dazu bei, innere Blockaden zu beseitigen, die Sie auf dem Weg zum gewünschten Erfolg behindern. Lavendel löst emotionale Konflikte, die spirituelles Wachstum blockieren, und Zitrone fördert die geistige Klarheit.

10 Tropfen Lavendelöl
10 Tropfen Zitronenöl

Und so wird's gemacht Nehmen Sie dieses Bad morgens, damit Sie in den vollen Genuß seiner klärenden Energien kommen. Wenn Sie vor einer Prüfung oder einer geschäftlichen Präsentation nervös sind, ist dieses Bad eine perfekte Vorbereitung.
Stellen Sie sich beim Baden vor, wie sich die vorhandenen Blockaden aus der Herz- und Solarplexusgegend lösen. Bewegen Sie dabei das Wasser um sich herum und spüren Sie, wie sie sich auflösen. Duschen Sie sich kurz mit warmem Wasser ab, bevor Sie die Badewanne verlassen, um die

Blockaden wegzuspülen. Stellen Sie sich vor, wie sie den Abfluß hinunterwirbeln und aus Ihrem Leben verschwinden.

Blockaden auf dem Weg zum Erfolg beseitigen

Solche Blockaden entstehen durch einen Mangel an Freude. Wenn unsere Freude frei fließt, können wir alles erreichen. Denken Sie an die reine Freude eines Kindes. Ein Kind nimmt Barrieren oder Hindernisse nicht wahr, es läuft einfach los. Lassen Sie dieses Gefühl der Freiheit beim Baden in jede Zelle Ihres Wesens einfließen. Ein Kind überdenkt und analysiert nicht alles, was es tut – es geht los und fließt mit den Ideen und der inneren Kreativität, die nach Ausdruck verlangen. Welche Barriere hindert Sie daran, Ihre Kreativität umzusetzen? Freude ist grenzenlos.

Affirmation
Meine Freude ist grenzenlos.
Ich bin vollkommen frei, und alle Aspekte meines Lebens sind erfüllt und erfolgreich.

Einkaufsliste für spirituelle Bäder

Lebensmittelladen

Apfelweinessig
Natriumbikarbonat (Natron)
Speise- oder Meersalz

Ätherische Öle

Flieder
Lavendel
Lemongrass (Zitronengras)
Magnolie
Mimose
Muskat
Myrrhe
Myrte
Wacholder
Weihrauch
Zeder
Zitrone

Naturkostladen oder Reformhaus

Kerzen (mit Myrten- oder Myrrhenduft)
Zedernholzspäne

Musik

Harfe oder tibetische Klangschalen

Teil V

Schönheitsbäder

Schönheit und Baden

Ist Schönheit eine Eigenschaft von Gesicht und Körper, oder vielmehr eine des Geistes? Wenn alle drei Faktoren eine Rolle spielen, gibt es kaum einen besseren Ort, um sie zu steigern, als die Badewanne.

Kleopatra badete in Rosenblättern, bevor sie Marc Anton verführte. Für Diane de Poitiers, die nacheinander das Bett mit zwei Königen, Vater und Sohn, teilte, war nur Regenwasser rein genug zum Baden. Der Sultan von Bagdad schickte Sklaven nach Cathay (China), die Badeöle zur Salbung der schönen Frauen in seinem Serail zurückbringen sollten; es heißt, daß seine Favoritin Kadin ihre Machtposition dem Badeöl zuschrieb, das der Hofmagier für sie aus dem Duft des nachtblütigen Jasmins zusammenbraute. Katharina die Große reinigte ihre Haut mit Wodka, einem ausgezeichneten Adstringens, das oberflächlichen Schmutz entfernt und die Haut glühen läßt. Aber Vorsicht: Ihre Freunde werden Sie vielleicht komisch ansehen, wenn sie eine Wodkaflasche in Ihrem Badezimmerschrank entdecken!

Weil das Baden eine Phase der Ruhe in unserem hektischen Leben darstellt, ist es bestens geeignet, um sich auf die hohe Kunst der Schönheitspflege zu konzentrieren. Die Magie jahrhundertealter Schönheitsrezepte steht uns zur Verfügung, und deshalb unterteile ich dieses Kapitel in zwei Abschnitte: in Bäder, die generell schön machen, und in spezielle Schönheitsbehandlungen, die Sie während des Schwelgens im wohltuenden Wasser anwenden können.

Meditation für Liebe und Schönheit

Nehmen Sie in der Badewanne bewußt die herrlichen Düfte wahr, die von den parfümierten Ölen ausgehen und Ihre Aura durchströmen. Schließen Sie die Augen, atmen Sie immer tiefer ein und lassen Sie mit dem Ausatmen alles Negative aus Körper und Seele herausfließen.

Sie können jetzt alles loslassen. Stellen Sie sich vor, wie Sie ganz leer werden, wie Ihr Geist so still wird wie ein See im Wald.

Werden Sie sich Ihres wahren Wesens bewußt. Sie sind ganz allein. Jetzt können Sie Ihre Kraft genießen. Sie haben die Freiheit, sich wohl zu fühlen. Stellen Sie sich vor, daß diese Freiheit Ihnen die magische Kraft verleiht, alles zu erschaffen, was Sie wollen. Spüren Sie die Liebe in Ihrem Herzen – nehmen Sie wahr, wie Ihre Seele sich dort ausruht. Dies ist Ihre wahre Identität – reine Liebe und reine Schönheit.

Lassen Sie die Liebe in sich aufsprudeln und in jede Zelle Ihres Körpers fließen. Lassen Sie sie auch Ihren Geist und Ihre Gefühle überfluten.

Lassen Sie sich zu einem neuen Ort treiben, an dem völliger Friede und absolute Zufriedenheit herrschen. Es gibt nichts anderes – nur Ihre Versenkung in Ihr Selbst. Sie sind vollkommen. Sie sind ein Abbild für das Wunder des Lebens.

Überblick über Schönheitsbäder

Bad für jugendliche Frische
Eine wunderbare Haut behalten oder bekommen

Samthaut-Bad
So bekommen Sie die weichste, jugendlichste Haut der Welt

Japanisches Sake-Bad für strahlende Schönheit
Läßt Ihre Haut strahlen

Problemhaut-Bad
Bei trockener, fettiger, gereizter, entzündeter Haut und Akne

Bad für geschmeidige Haut
Sorgt für eine alterslose, glatte, straffe Haut

Bad für zarte Haut am ganzen Körper
Glättet die Haut am ganzen Körper

Bad gegen die Folgen der Luftverschmutzung
Mit verjüngender Hefemaske

Bad mit eßbarer Schönheitsmaske
Frühstück für die Haut

Natürliches Facelifting im Bad
Nicht mit dem Mittagessen verwechseln!

Bad zur Heilung der Kapillaren
Die Landkarte auf dem Gesicht zum Verschwinden bringen

Bad gegen Sonnenbrand
Der Haut die Hitze nehmen

Bad für jugendliche Frische

Eine wunderbare Haut behalten oder bekommen

Wirkung Es gibt keinen Grund, warum Sie nicht bis ins hohe Alter eine wunderschöne Haut haben sollten. Die jugendliche Frische hat weniger mit dem Alter des Körpers als mit der inneren Energie zu tun. Dieses Bad für eine jugendliche Haut ist ein Langzeitprojekt. Wenn Sie es zum Bestandteil der wöchentlichen Schönheitspflege machen, werden Sie unabhängig von Ihrem Alter immer eine rosige Haut haben. Viele Frauen waren auch noch schön, als sie schon weit über achtzig waren. Gloria Swanson und Kleopatra sind zwei berühmte Frauen, die ihre jugendliche Schönheit bis ins reife Alter behalten haben, genauso wie Helena von Troja, die mit fünfzig wie zwanzig aussah. Vielleicht hat das Geheimnis ihrer jugendlichen Haut mit dem folgenden altbekannten, aber immer noch populären Badeöl zu tun.

4 Tropfen Sesamöl
3 Tropfen Avocadoöl
2 Tropfen Mandelöl
(kaltgepreßte Öle verwenden)

Und so wird's gemacht Sie können die Öle im voraus mischen und in einer gut verschlossenen Flasche bei Zimmertemperatur aufbewahren. Geben Sie dann, wenn Sie ein Bad nehmen wollen, ein paar Tropfen ins Badewasser. Die genannte Mischung gehört zu denen, die am schönsten machen. Als Extravergnügen können Sie zusätzlich Ihr bevorzugtes ätherisches Öl dazugeben. Schließen Sie dann die Augen, und lassen Sie sich zur Insel der Schönheit tragen. Mit der genannten Ölmischung läßt sich auch Make-up sehr gut entfernen, und Sie können sie auch täglich zur Verbesserung des Teints auftragen.

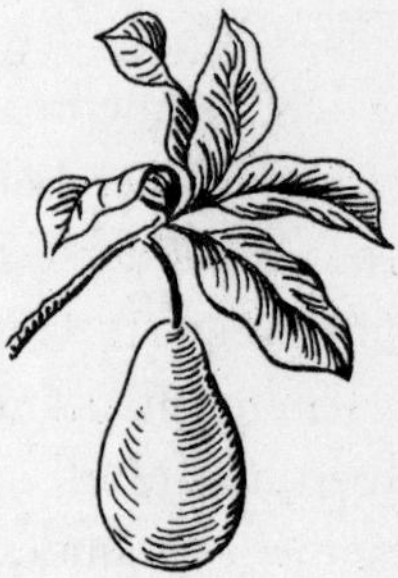

Samthaut-Bad

So bekommen Sie die weichste, jugendlichste Haut der Welt

Wirkung Ich nehme dieses Bad seit fünfzehn Jahren, und Kinder machen immer Bemerkungen darüber, wie wunderbar weich meine Haut ist. Ein Kind, das ich gut kenne, sagt, ich hätte die weichste Haut, die es je gefühlt hat, und ein Bekannter von mir fragt immer, ob er meine Hand oder meinen Arm berühren dürfe, weil ihm die weiche Haut so gefällt. In meinem Freundeskreis ist das zu einem richtigen Spaß geworden, denn es kann sein, daß dieser Mann mit einer neuen Freundin in ein Restaurant essen geht und trotzdem fragt, ob er meine Haut berühren darf.

1 Teelöffel (oder mehr) Kokosnußöl

Nach Belieben
Ihr bevorzugtes ätherisches Öl

Und so wird's gemacht Kokosnußöl ist mein Geheimnis. Es wird in kleinen Glastöpfchen verkauft. Manchmal lasse

ich das Kokosnußöl in der Sonne oder unter heißem Wasser schmelzen und gebe ein paar Tropfen Rosenöl dazu, bevor ich es wieder hart werden lasse. Auf diese Weise ist immer ein herrlicher Duft im Badezimmer.
Sie können das Kokosnußöl zunächst auch unparfümiert lassen und dann beim Baden den Duft dazugeben, den Sie gerade mögen (oder am meisten brauchen).
Hier ein paar Vorschläge für geeignete ätherische Öle:

Rose – bei Frühjahrsmüdigkeit, für das Herz oder gegen Depressionen
Sandelholz – zur Beruhigung des Nervensystems
Rosmarin – zur allgemeinen Verjüngung

Zedernöl ist für dieses Bad nicht geeignet, weil es negative Energien freisetzt, die sich durch die Dichte des Kokosnußöls nicht richtig verflüchtigen können.

Japanisches Sake-Bad für strahlende Schönheit

Läßt Ihre Haut strahlen

Wirkung Das Baden in Reiswein (Sake) hat in Japan eine 3000 Jahre alte Tradition. Daß Sake im Ruf steht, schön zu machen, ist legendär und kann von jeder Geisha bezeugt werden. Ihre Haut ist berühmt für ihre Weichheit, ihre Zartheit und ihr Strahlen.

1 große Flasche Sake (1,8 Liter)

Und so wird's gemacht Dieses Bad ist teuer, aber wundervoll. Nehmen Sie erst eine Dusche, um die Schmutzpartikel zu entfernen; gießen Sie dann den Sake ins warme Badewasser und entspannen Sie sich 30 Minuten in der Wanne.
Sie werden erstaunt sein, wie rosig und weich Ihre Haut sich hinterher ansieht und anfühlt (und auch darüber, wie schmutzig das Badewasser wird, denn Sake entzieht dem Körper Toxine). Nehmen Sie dieses Bad, wenn Sie sich schöner fühlen und sich einen dekadenten Genuß gönnen wollen, der Ihnen letztendlich guttut.

Problemhaut-Bad

Bei trockener, fettiger, gereizter, entzündeter Haut und Akne

Wirkung Einige ätherische Öle wirken speziellen Hautproblemen entgegen. An manchen Tagen juckt Ihre Haut, an anderen Tagen ist sie trocken oder gereizt. Passen Sie die folgenden Vorschläge Ihrem Problem an.
Die Bäder wirken am besten, wenn die Zutaten im voraus gemischt und in luftdicht verschlossenen Gefäßen an einem kühlen, dunklen Ort aufbewahrt werden. Bei jedem Bad werden ätherische Öle Ihrer Wahl mit einem kaltgepreßten reinen Pflanzenöl oder in manchen Fällen mit Jojobaöl vermischt. Rechnen Sie 2 Eßlöffel Öl pro Bad; die angegebene Menge der ätherischen Öle ist für ein kleines Gefäß (Marmeladenglas) gedacht. Verschütteln Sie die Öle auf jeden Fall mit Pflanzenöl, damit ihre Düfte und ihre speziellen Eigenschaften sich vermischen.

Trockene Haut
7 Tropfen Sandelholz
5 Tropfen Geranie

5 Tropfen Ylang-Ylang
3 Tropfen Rosenholz
mit Jojobaöl mischen

Fettige Haut
10 Tropfen Zitrone
8 Tropfen Zypresse oder Kampfer
5 Tropfen Lavendel
mit Jojobaöl mischen

Gereizte oder entzündete Haut
8 Tropfen Sandelholz
4 Tropfen blaue Kamille
4 Tropfen Rose
mit Jojobaöl mischen

Akne
20 Tropfen Bergamotte
5 Tropfen Wacholder
4 Tropfen Zypresse oder 15 Tropfen Teebaum
mit Jojobaöl mischen

Machen Sie nach jedem Bad die Wanne gut sauber, damit das überschüssige Öl und die unerwünschte Energie abfließen.

Bad für geschmeidige Haut

Sorgt für eine alterslose, glatte, straffe Haut

Wirkung   Dieses Bad und die zugehörige Gesichtsmaske entspannen und lassen die Haut von innen heraus strahlen.

Gesichtsbehandlung
1 Tasse frischer Gurkensaft
1/4 Tasse Honig

Für das Bad
8 Tropfen Jasminöl
8 Tropfen Fenchelöl

Und so wird's gemacht   Die hier vorgestellte Kombination gehört zu den besten Methoden, damit die Haut jugendlich und glatt bleibt. Vermischen Sie den Gurkensaft mit dem Honig und tragen Sie die Masse mit Wattepads auf Gesicht und Hals auf. Beginnen Sie unten an der Halsgrube und arbeiten Sie sich mit nach oben streichenden Bewegungen sanft bis zur Stirn vor. Sparen Sie den Augenbereich aus. Lassen Sie die Mischung auf Gesicht und Hals und steigen

Sie in ein warmes Bad mit Jasmin- und Fenchelöl, das Ihre Haut straffen wird.

Vergessen Sie nicht, das Telefon auszuschalten und ein »Bitte-nicht-stören«-Schild an die Badezimmertür zu hängen. Legen Sie beruhigende Musik auf und genießen Sie ihre Wirkung auf Herz, Geist und Seele, während die Badezutaten den Zustand Ihrer Haut verbessern.

Bad für zarte Haut am ganzen Körper

Glättet die Haut am ganzen Körper

Wirkung Dieses Bad entfernt trockene Hautschüppchen von einer Haut, der es an Feuchtigkeit mangelt. Es eignet sich bei kaltem und bei warmem Klima. Wenn Sie eine trockene, schuppige Haut haben, sollten Sie dieses Bad unbedingt ausprobieren.

1 Pfund Epsomer Bittersalz
1/2 Tasse kaltgepreßtes Sonnenblumenöl
(Olivenöl oder Erdnußöl geht auch)

Und so wird's gemacht Vermischen Sie Salz und Öl und massieren Sie Ihren Körper von den Füßen aufwärts mit kleinen Mengen der Mixtur, so daß Sie den Rubbeleffekt des Salzes auf der Haut spüren. Wenn das Salz im warmen Badewasser zu schnell schmilzt, sollten Sie erst die Salz-Öl-Einreibung vornehmen und sich dann in der Wanne entspannen, wo das Öl Ihrer Haut guttut.
Nach diesem Bad werden Sie innerlich und äußerlich glühen!

Bad gegen die Folgen der Luftverschmutzung

Mit verjüngender Hefemaske

Wirkung Streß und Umweltverschmutzung machen es erforderlich, daß wir uns die Zeit nehmen, unserer Haut Sauerstoff zuzuführen und sie zu reinigen. Wenn Sie die folgende Gesichtsmaske einmal im Monat auftragen, wird der durch die Umweltverschmutzung beschleunigte Alterungsprozeß zumindest teilweise neutralisiert. Ich empfehle sie vor allem Stadtbewohnern oder Leuten, die viel Zeit im Flugzeug oder im Auto verbringen.

2 Eßlöffel Bierhefe in Pulverform
3 Eßlöffel warmes Wasser
5 Tropfen Lavendelöl
5 Tropfen Kamillenöl
(römische Kamille)

Und so wird's gemacht Vermischen Sie die Hefe mit Wasser, bis eine geschmeidige Paste entsteht. Tragen Sie sie mit streichenden Bewegungen von unten nach oben auf Gesicht und Hals auf. Lassen Sie sie 15 bis 30 Minuten einwirken, während Sie sich in Ihr bevorzugtes Entspannungsbad mit Lavendel und römischer Kamille legen.

Bad mit eßbarer Schönheitsmaske

Frühstück für die Haut

Wirkung Diese Maske trägt dazu bei, der Gesichtshaut ein jugendliches Strahlen zurückzugeben. Nach dieser Maske werden Sie wieder die helle, rosige Gesichtshaut bekommen, die Sie als Kind hatten.

250 g Hafermehl
1 Tropfen Rosenöl
Ein paar Tropfen Mandelöl
(oder Sojaöl, beides kaltgepreßt)
Verbandmull

Und so wird's gemacht Vermischen Sie Hafermehl, Rosenöl und Mandelöl zu einer Paste und verteilen Sie sie auf den Mull. Legen Sie ein sauberes Stückchen Mull über die Mixtur und bringen Sie die Kompresse auf eine Seite Ihres Gesichts auf. Machen Sie weitere Kompressen für die andere Gesichtshälfte, die Stirn und den Hals.
Entspannen Sie sich dann eine Viertelstunde im warmen Badewasser. Nehmen Sie anschließend die Mulltüchlein ab

und reiben Sie mit der Paste den ganzen Körper sanft ein. Spülen Sie sie dann mit einer kurzen warmen Dusche ab. Ihre Haut wird den ganzen Tag glühen!

Natürliches Facelifting im Bad

Nicht mit dem Mittagessen verwechseln!

Wirkung Diese natürlichen Masken zur Straffung der Gesichtshaut können in Verbindung mit jedem der in diesem Buch genannten Bäder benutzt werden.
Die Zeit, in der Sie sich im Badewasser entspannen, ist für ein Facelifting wie geschaffen. Sie brauchen nicht zu reden, und das bedeutet, daß die durch Lachen oder mißbilligendes Stirnrunzeln entstandenen Falten und Fältchen ein bißchen wohlverdiente Ruhe bekommen.

Maske 1 – Zum Ausgleich der Umweltverschmutzung
2 Teelöffel Heilerde
2 Teelöffel Hafermehl
2 Teelöffel Honig

Maske 2 – Für weiche Haut
1 Tasse Joghurt
2 Teelöffel Honig

Maske 3 – Verjüngt erschöpfte Haut
2 Teelöffel Weizenkeimöl
2 Teelöffel Zitronensaft
2 Teelöffel Heilerde

Und so wird's gemacht Vermischen Sie die Zutaten zu einer klebrigen Paste und lassen Sie sie ruhen, während Sie das Wasser einlaufen lassen. Nehmen Sie die Haare mit einem Stirnband oder einer Duschhaube aus dem Gesicht. Geben Sie die Paste mit aufwärtsstreichenden Bewegungen aufs Gesicht. Beginnen Sie am Hals und arbeiten Sie sich bis zur Stirn vor. Sparen Sie die Augen aus! Entspannen Sie sich 15 bis 20 Minuten im Badewasser und denken Sie an etwas Angenehmes. Erinnern Sie sich an die schönsten Augenblicke Ihres Lebens. Waschen Sie dann die Maske mit lauwarmem Wasser über dem Waschbecken ab.

Bad zur Heilung der Kapillaren

Die Landkarte auf dem Gesicht zum Verschwinden bringen

Wirkung Dieses Bad und die Maske sollen die winzigen geplatzten Blutgefäße auf Ihrem Gesicht heilen.

Je 3 Tropfen der folgenden ätherischen Öle:
Pfefferminze
Bay
Lorbeer
Rosmarin

Und so wird's gemacht Vermischen Sie die Öle miteinander, sorgen Sie dafür, daß das Haar nicht ins Gesicht fällt, und massieren Sie die Flüssigkeit ins Gesicht und andere betroffene Bereiche ein. Steigen Sie dann in ein Bad mit Ihrem Lieblingsduft und entspannen Sie sich. Nach 15 oder 20 Minuten können Sie die Mischung mit warmem Wasser abwaschen.

Bad gegen Sonnenbrand

Der Haut die Hitze nehmen

Wirkung Wir alle wissen, daß zuviel Sonne das zarte Hautgewebe schädigt. Wenn wir nach einem langen, kalten Winter vergessen, uns zu schützen, weil wir uns so über die Sonne freuen, bekommen wir den üblichen (und gefährlichen) Sonnenbrand. Aber keine Sorge: In der nächsten Badewanne steht Abhilfe bereit! Dieses Bad trägt dazu bei, sonnenverbrannte Haut zu heilen.

Je 5 Tropfen der folgenden ätherischen Öle:
Pfefferminze
Lavendel
römische Kamille
Außerdem: frische Zitronen

Und so wird's gemacht Vermischen Sie die Öle miteinander, geben Sie sie ins lauwarme Badewasser und verteilen Sie sie. Entspannen Sie sich dann, während die Öle Ihre empfindliche Haut umhüllen.
Schneiden Sie die Zitronen in Scheiben und reiben Sie damit die verbrannte Haut ein. Das brennt! Aber es heilt auch. Wenn es Ihnen zu unangenehm ist, können Sie den Zitronensaft auch mit etwas Wasser verdünnen.
Wenn Sie in Urlaub sind und kein ätherisches Öl zur Verfügung haben, können Sie die genannten Pflanzen auch als Teebeutel kaufen und sich ein »Teebad« mit Pfefferminz-, Kamillen- und Zitronentee (oder echtem Zitronensaft) zubereiten.

Einkaufsliste für Schönheitsbäder

Kaltgepreßte Öle
Avocadoöl
Jojobaöl
Kokosnußöl
Mandelöl
Olivenöl
Sesamöl
Sonnenblumenöl
Weizenkeimöl

Aus dem Lebensmittelgeschäft
Bierhefe
Epsomer Bittersalz
(1 Pfund pro Bad)
Gurken
Hafermehl
Honig
Joghurt (ungesüßt)
Kamillentee
Pfefferminztee
Zitronen

Ätherische Öle
Bay
Bergamotte
Fenchel
Geranie
Jasmin
Kamille, blaue
Kamille, römische
Kampfer
Lavendel
Lorbeer
Minze
Myrte
Pfefferminze
Rose
Rosenholz
Rosmarin
Sandelholz
Wacholder
Ylang-Ylang
Zitrone
Zypresse

Teil VI

Erotisierende Bäder

Bäder für Lust und Sinnlichkeit

Das Duschen mit einem Freund oder einer Freundin spart vielleicht Wasser, aber *gemeinsames Baden* öffnet der Lust eine ganz neue Dimension.
Das Baden schenkt Ihnen eine sinnliche, genußvolle und ungestörte Zeit für sich und den geliebten Menschen, bei der Sie herausfinden können, was Ihnen und dem anderen Spaß macht.
Gönnen Sie sich eine Pause von den ständig auf Sie einprasselnden Anforderungen des Lebens und gehen Sie auf die Bedürfnisse und Wünsche des anderen ein.
Warum nicht einen Abend in der Woche für ein reines, unverfälschtes Vergnügen reservieren? Bringen Sie die Kinder (oder die Haustiere) ins Bett, schalten Sie die Stereoanlage ein, dämpfen Sie das Licht und erhellen Sie das Badezimmer mit Kerzen anstatt mit elektrischem Licht. Sie und Ihr Partner/Ihre Partnerin werden zusammen eine ganz andere Art von Elektrizität erzeugen.
Werden Sie kreativ.
Wenn Sie meinen, es wäre eine gute Idee, Rosenblätter ins Wasser zu streuen, dann tun Sie es. Und bei zwei Gläsern Champagner oder Cidre neben der Badewanne wird das Kerzenlicht noch romantischer.

Jetzt haben Sie Zeit für alles, was Ihnen Spaß macht. Die Intimität wird für Sie eine ganz neue Bedeutung bekommen, wenn Sie die wonnevollen Bäder dieses Kapitels als Chance begreifen, Sie beide in Ihr ganz privates Paradies zu versetzen.

Überblick über erotisierende Bäder

Bad für sexuelle Vitalität
Baut Hemmungen ab

Mystisches Sex-Bad
Für eine Nacht voll romantischer, sinnlicher Lust

Bad zur Belebung der Sexualität
Gibt entschwundener Leidenschaft neuen Schwung

Erotikbad
Wenn Sie zusätzliche Stimulation brauchen

Rosenbad
Für Paare, die ein Kind empfangen wollen

Spielerische Bäder mit einem Partner
Für Spaß und Erotik im Bad

Bad zur sexuellen Verjüngung
Das sexuelle Begehren des Partners wieder wecken

Bad für sexuelle Vitalität

Baut Hemmungen ab

Wirkung Dieses Bad trägt dazu bei, das männliche Glied zu kräftigen, und ist auch bei Frigidität nützlich.

5 Tropfen Jasminöl
5 Tropfen Sandelholzöl
Sexuell anregende Musik, Kerzen, Blumen

Und so wird's gemacht Nehmen Sie mit Ihrem Partner ein Bad, bevor Sie sich körperlich lieben. Die genannten Badeöle sind bekannte Aphrodisiaka. Sandelholz unterstützt die Entspannung, und Jasmin weckt das sexuelle Begehren. Legen Sie romantische, sexuell anregende Musik auf, zünden Sie Kerzen an und schmücken Sie den Raum mit frischen Blumen. Sorgen Sie auf jeden Fall für gedämpftes Licht. Erzählen Sie sich all die amüsanten Dinge, die tagsüber passiert sind; wenn dies nicht möglich ist, können Sie sich auch Witze erzählen. Vermeiden Sie Problemgespräche oder intellektuelle Diskussionen. Wenn Sie wollen, können Sie sich gegenseitig die Schultern und/oder die Füße massieren –

besonders um die Knöchel und die Fersen herum, wo sich die sexuellen Reflexpunkte befinden. Entspannen Sie sich dann in den Armen des anderen und lassen Sie das Ambiente und die Öle ihren Zauber entfalten!

Mystisches Sex-Bad

Für eine Nacht voll romantischer, sinnlicher Lust

Wirkung Mit dieser Kombination sehr wirkungsvoller aphrodisischer Öle wird Ihr Geist sich mit dem Ihres Partners emporschwingen. Eine Nacht romantischer, sinnlicher Lust ist Ihnen dann sicher! Stellen Sie das Telefon ab und verschließen Sie die Tür!

3 Tropfen Rosenöl (öffnet das Herz und bringt die Gefühle in Fluß, so daß Sie in eine romantische Stimmung versetzt werden)
3 Tropfen Jasminöl (regt das sexuelle Begehren an)
3 Tropfen Sandelholzöl (entspannt das Nervensystem, weckt das sexuelle Verlangen)
3 Tropfen Weihrauch (wird in Ritualen benutzt, um Träume anzuregen)
3 Tropfen Ylang-Ylang (wirkt sehr stark aphrodisisch)

Leckere Schokolade
(Montezuma trank immer eine Tasse Schokolade, bevor er seinen Harem betrat)

Champagner oder heiße Schokolade
(beides anerkannte Aphrodisiaka)

Romantische Musik
(Vorschläge: Chopins Walzer für Klavier *oder*
Harry Nilssons A Little Touch of Schmilsson in the Night*)*

Ein Strauß duftender rosafarbener oder roter Rosen

Und so wird's gemacht Regeln Sie die Temperatur des Badewassers so, daß sie Ihnen beiden zusagt, und stellen Sie die Musik an; sorgen Sie dafür, daß Sie die Blumen im Blickfeld haben, die Tür verschlossen und das Telefon abgestellt ist. Geben Sie die Öle ins Wasser und verteilen Sie sie mit der Hand.
Steigen Sie in die Wanne und lassen Sie die Magie des Ortes und der Öle wirken!

Bad zur Belebung der Sexualität

Gibt entschwundener Leidenschaft neuen Schwung

Wirkung Belebt und erneuert Leidenschaft und Liebe in Ihrem Leben.

3 Tropfen Magnolienöl
5 Tropfen Muskatöl
5 Tropfen arabisches Moschusöl

Guter Champagner oder Cidre
1 Tablett mit kleinen, feinen Snacks, die Sie mit den Fingern essen können, um sich in der Badewanne gegenseitig zu füttern

Jede Menge Kerzen mit Ihrem Lieblingsduft
Ihre romantische Lieblingsmusik, zum Beispiel La Mer *von Debussy.*

Und so wird's gemacht Wenn Ihr Liebhaber zur Badezimmertür hereinkommt, sollten Sie toll aussehen – ziehen Sie also etwas an, von dem Sie wissen, daß es ihn anmacht … Phantasiekleidung, in der Sie sich sexy fühlen. Stellen Sie eine romantische Atmosphäre in Bade- und Schlafzimmer her, indem Sie überall Kerzen aufstellen und die Bettwäsche leicht mit einem aphrodisisch wirkenden Öl parfümieren (in den Ecken, wo eventuelle Flecken nicht auffallen).

Bringen Sie die Snacks und den Champagner (oder den Cidre) ins Badezimmer, und stellen Sie die Musik an. Steigen Sie in die Wanne, und erinnern Sie sich an die romantischsten Augenblicke Ihres Zusammenlebens. Malen Sie sich zusammen aus, wie Sie zu exotischen Orten reisen und sich dort leidenschaftlich lieben. Sorgen Sie dafür, daß die Alltagsarbeiten erledigt sind, damit Sie sich völlig entspannen können und der Abend sich in eine sinnliche Richtung entwickelt. Sprechen Sie nicht über Arbeit, Kinder oder Probleme.

Erotikbad

Wenn Sie zusätzliche Stimulation brauchen

Wirkung Manchmal müssen Sie sich von etwas anderem stimulieren lassen als von einem Partner. Das folgende Bad ist wirklich phantastisch.

4 Tropfen reines Sandelholzöl
4 Tropfen Ingweröl
4 Tropfen Rosenöl (wenn Sie wollen)

Sandelholz ist das stärkste Aphrodisiakum. Es beruhigt das Nervensystem und baut die Spannungen und Hemmungen ab, die uns daran hindern, sexuell und emotional loszulassen. Im Nahen und Fernen Osten und in Europa wird es seit prähistorischen Zeiten als Parfüm benutzt.

Und so wird's gemacht Dieses Bad können Sie allein oder mit einem Partner nehmen. Wenn Sie zusätzliche Stimulation brauchen, können Sie Ihre Phantasie oder erotische Literatur zu Hilfe nehmen. Sie können sich die Geschichten von Anaïs Nin oder andere geeignete Bücher oder Zeitschriften vorlesen. Denken Sie daran, daß Phantasie wichtiger ist als die Angst im Kopf davor, ob Sie einen Orgasmus erreichen oder nicht. Spüren Sie, wie die Öle in alle Poren und in die empfindlichen Zonen Ihres Körpers eindringen, und lassen Sie sich dahin treiben, wohin dieses aphrodisische Bad Sie führt.

Rosenbad

Für Paare, die ein Kind empfangen wollen

Wirkung Ein Kind kann der höchste Ausdruck für die Liebe sein, die ein Paar füreinander empfindet. Wenn Sie Schwierigkeiten mit der Empfängnis haben, trägt dieses Bad dazu bei, die Spermamenge des Mannes zu erhöhen. Das Wasser sollte nicht zu warm sein.

10 Tropfen Rosenöl

Nach Belieben
Ein paar Handvoll Rosenblätter oder ein Rosenstrauß

Und so wird's gemacht Baden Sie vor dem Geschlechtsverkehr zusammen, wenn Sie versuchen, ein Kind zu empfangen, und probieren Sie die folgende spezielle Empfängnismeditation aus.
Setzen Sie sich zusammen hin, und synchronisieren Sie Ihren Atem – atmen Sie zusammen ein und aus. Schließen Sie die Augen, und bitten Sie im Geiste darum, daß eine besondere Seele in Ihr Leben treten möge. Erzählen Sie dieser

Seele von der Liebe, die Sie ihr geben werden, und von der Freude, die sie Ihnen schenken wird. Sagen Sie ihr, daß Sie möchten, daß ihre Schwingung mit Ihnen und Ihrer Familie harmoniert. Sie möchten, daß durch den Liebesakt die *richtige* Seele in Ihr Leben tritt, damit sie für immer ein Teil Ihrer Familie wird. Stellen Sie sich vor, daß diese geistigen Schwingungen ins Universum hinausgetragen werden, und bitten Sie die Engel darum, Ihnen bei der Empfängnis des passenden Kindes zu helfen. (Vergessen Sie nicht, den Engeln am Ende Ihrer Meditation für ihre Hilfe zu danken.)

Spielerische Bäder mit einem Partner

Für Spaß und Erotik im Bad

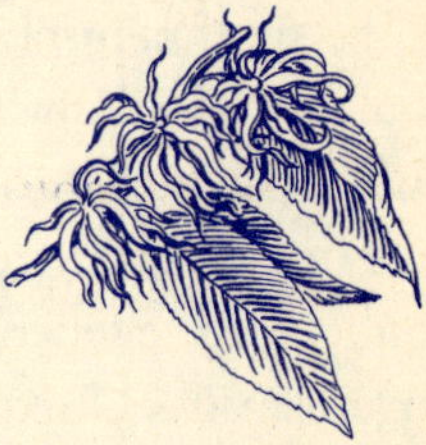

Wirkung Unterschätzen Sie nicht die Wirksamkeit von Massagen. Auf dem ganzen Körper befinden sich Reflexzonen, deren Stimulation zu wundervollen Ergebnissen führt. Bekanntlich können wir die Sexualität am ehesten genießen, wenn in unserem Kopf nicht alles drunter und drüber geht; warum also nicht durch eine Massage in der Badewanne geistige Spannungen aus dem Körper vertreiben, damit Platz für angenehme Erlebnisse entsteht?

5 Tropfen Ylang-Ylang-Öl
10 Tropfen Rosenöl
5 Tropfen Patschuliöl

Und so wird's gemacht Entspannen Sie sich zusammen im warmen Badewasser und geben Sie die Öle hinein. Streichen Sie dann sanft über Schulter und Arm Ihres Partners, bis hinunter zu den Fingerspitzen, und wiederholen Sie dies mit dem anderen Arm. Nehmen Sie dann erst die eine und dann die andere Hand und drücken Sie die Handfläche mit dem Daumen, als ob Sie Brot kneten würden. Der fleischige Bereich unterhalb des Daumens, der sogenannte Venusberg, ist besonders wichtig. Machen Sie dasselbe mit den Beinen und Füßen, und kehren Sie dann zu den Schultern zurück. Ihr Partner sollte inzwischen bei den langsamen Zärtlichkeiten ganz dahinschmelzen. Ein gutes Massagebuch oder ein Video können Ihnen weitere Möglichkeiten aufzeigen.

Was Sie auch machen können

Kaufen Sie Körperfarben und malen Sie den Körper des anderen an … Zünden Sie im Badezimmer ein Dutzend Kerzen an … Lassen Sie Ihrer Phantasie freien Lauf. Werfen Sie die Vorsicht zum Fenster hinaus und betrachten Sie das Bad als sinnliches Vorspiel zu anderen Wonnen.

Bad zur sexuellen Verjüngung

Das sexuelle Begehren des Partners wieder wecken

Wirkung Wenn Ihr Partner gelegentlich Probleme hat, sexuell auf Sie zu reagieren, wird das folgende Bad ihn wieder in Schwung bringen.

4 Tropfen Sandelholzöl
4 Tropfen Vanilleöl
4 Tropfen Ylang-Ylang-Öl
4 Tropfen Ingweröl

Und so wird's gemacht Bitten Sie Ihren Partner, ein entspannendes Bad mit Ihnen zu nehmen, und bieten Sie ihm eine Massage an. Dabei sollten Sie sich vor allem auf Kopf und Nacken konzentrieren. Von der Kopfmitte zum Haaransatz liegen Reflexpunkte, die das männliche Glied kräftigen. Wenden Sie einfach mit dem Daumen Druck auf die Oberseite des Kopfes an. Der Kopf Ihres Partners kann dabei auf Ihrer Brust liegen. Massieren Sie dann verhärtete Stellen am Nacken weg. Gehen Sie anschließend zu den Füßen über. Kneten Sie mit beiden Daumen die Fußsohlen, um den

Streß daraus zu vertreiben. Konzentrieren Sie sich dann auf den Bereich um Knöchel und Fersen. Ich empfehle einen festen, aber nicht unangenehmen Druck. Diese Punkte stimulieren die Sexualorgane. Wenn Sie dann im Schlafzimmer sind, können Sie den unteren Rücken massieren, besonders den Bereich um das Steißbein herum. Sie brauchen nicht fest zu drücken; richten Sie sich nach den Wünschen Ihres Partners.

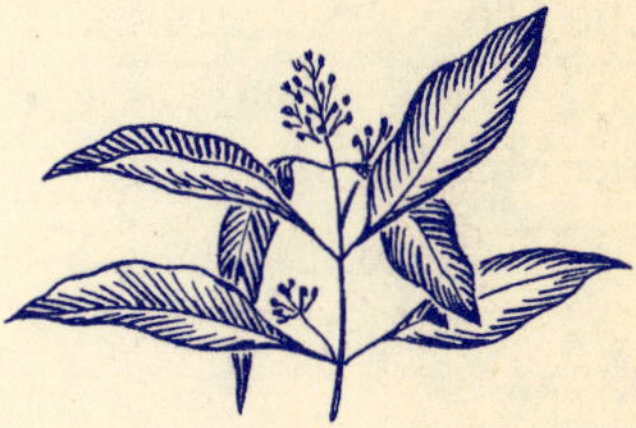

Manche Männer reagieren sofort, andere nach ein oder zwei Tagen, aber viele meiner Kunden waren über die Wirkung sehr erfreut!

Einkaufsliste für erotisierende Bäder

Ätherische Öle

Arabischer Moschus
Ingwer
Jasmin
Magnolie
Muskatnuß
Patschuli
Rose
Sandelholz
Weihrauch
Ylang-Ylang
Zeder

Spezialgeschäft

Kerzen
Champagner
Cidre
feine Schokolade
Rosen

Musik

Walzer von Chopin
La Mer von Debussy
Was Ihnen sonst noch gefällt

Teil VII

Kristallbäder

Eine Cherokee-Legende über Kristalle

(wie Kenneth Cohen sie in »Bones of our Ancestors« erzählt)

In alten Zeiten lebten die Menschen in Harmonie mit der Natur. Sie sprachen dieselbe Sprache wie die Tiere. Sie jagten, fischten und sammelten Nahrung nur zur Befriedigung ihrer Bedürfnisse. Wenn sie töten mußten, sprachen sie immer ein Dankgebet. Den Hopis zufolge blieb die Stelle am höchsten Punkt des Kopfes, die Fontanelle, das ganze Leben hindurch weich. Durch diese weiche Stelle erhielten die Menschen vom Schöpfer Informationen darüber, wo und wie sie im Gleichgewicht leben konnten. Sie behielten die Unschuld und die Einfachheit der Kindheit.

Im Lauf der Zeit verloren die Menschen diese Unschuld; die weiche Stelle wurde hart. Manche Überlieferungen behaupten, dies sei das Werk des Bösen, oder, wie die Juden sagen, von Yetzerhara, dem bösen Impuls im Unbewußten des Menschen. Andere meinten, dies sei der natürliche Lauf der Dinge: Die Menschen mußten die Einheit verlieren, um sie durch ihre Dankgebete zurückzuerlangen. Sie töteten die Tiere und ihre Mitmenschen aus niedrigen Motiven.

Der Bärenclan, der bei den Tieren die führende Position einnahm, berief eine Konferenz aller Tiere ein. Es mußte etwas geschehen. Die Bären meinten: »Warum schießen wir nicht zurück, wenn die Menschen ihre Pfeile auf uns abschießen?« Aber Pfeil und Bogen erforderten ein zu großes Opfer. Ein Bär mußte sein Leben lassen, damit seine Sehne als Bogensehne benutzt werden konnte. Und wenn mit dem Bogen wirklich geschossen werden mußte, würden die Klauen des Bären an der Sehne hängenbleiben. So würde als also nicht gehen.

Also machte das Rotwild einen anderen Vorschlag: »Wir werden Krankheiten in die Welt bringen. Jeder von uns ist für eine andere Krankheit verantwortlich. Wenn die Menschen nicht mehr im Gleichgewicht mit der Natur leben, wenn sie vergessen, für ihre Nahrung zu danken, sollen sie krank werden.« Und das Rotwild beschwor sofort Rheuma und Arthritis, und jedes Tier rief eine andere Krankheit herbei.

Aber der stets mitfühlende Stamm der Pflanzen hielt diese Bestrafung für zu hart. Deshalb machte er folgendes Angebot: »Für jede Krankheit, welche die Menschen befällt, wird eine von uns da sein, um die Krankheit zu heilen und das Gleichgewicht wiederherzustellen.« Mit dieser Strategie war die gesamte Natur einverstanden. Vor allem eine Pflanze äußerte sich lauter als die anderen. Es war der Tabak, der Herrscher über das Pflanzenreich. Er sagte: »Ich werde keine Krankheit heilen, sondern den Menschen helfen, zu einem heiligen Lebensstil zurückzukehren, wenn ich bei Gebeten und Zeremonien geraucht oder geopfert werde. Aber wenn ich mißbraucht und nur zum Vergnügen geraucht werde, will ich Krebs verursachen, die schlimmste aller Krankheiten.«

Die engsten Freunde des Pflanzenreichs, die Gesteine und Mineralien, kamen überein, den Pflanzen zu helfen. Alle Mineralien sollten eine spirituelle Kraft besitzen, eine feinstoffliche Schwingung, die benutzt werden konnte, um wieder ganz gesund zu werden. Ein als Amulett getragener Rubin würde das Herz heilen; ein Smaragd Leber und Augen, und so weiter. Der Herrscher des Mineralreichs, der Quarzkristall, war so klar wie das Licht der Schöpfung selbst. Der Quarz legte seinen Arm um seinen Bruder Tabak und sagte: »Ich will das heilige Mineral sein und den Geist heilen. Ich will den Menschen helfen, den Ursprung ihrer Krankheit zu erkennen. Ich will daran mitwirken, in Träumen Weisheit und Klarheit zu bringen. Und ich will die spirituelle Geschichte der Menschen einschließlich unseres heutigen Treffens aufzeichnen, damit sie in Zukunft ihre Herkunft und den Weg der Harmonie sehen, wenn sie mich anschauen.«

Und so war und ist es bis heute.

(Aus dem »Yoga Journal« vom Februar 1985)

Kristallheilbäder

Ob die Cherokee-Legende ausschließlich Kristalle empfahl, wissen wir nicht, aber eines wissen wir genau: Kristalle sind so etwas wie Energieübermittler. Die ersten Radios waren »Kristallaggregate«, und die gesamte moderne Fernsehtechnologie beruht auf der Verwendung von kristallinen Mikrochips. Weil Kristalle je nach ihrer Struktur eine unterschiedliche Schwingungsfrequenz besitzen, beeinflussen die verschiedenen Edelsteine den menschlichen Körper unterschiedlich. So reinigen zum Beispiel Rubine das Blut und stärken das Herz; Smaragde beeinflussen die Augen und die Leber; Amethyste die spirituellen Zentren, und so weiter.

Wenn wir unseren Körper so sehen wie die chinesische Medizin – als kompliziertes Netzwerk elektrischer Ströme, in dem ständig Qi bzw. Lebensenergie fließt –, können wir uns leichter vorstellen, wie die Schwingung von Kristallen unsere Gesundheit und unsere Vitalität beeinflußt.

Das folgende Rezept für Unsterblichkeit, das einem alten taoistischen Text entstammt, ist ein bezaubernder Hinweis auf das Vertrauen, das die alten Chinesen in Kristalle setzten.

Altes chinesisches Rezept für Unsterblichkeit

1. Nehmen Sie 5 Stücke klaren Quarz;
2. runden und polieren Sie sie mit einem Schleifstein ab;
3. kochen Sie die Kristalle in einer Mixtur von Schalotten, Honig und Farnkraut;
4. essen Sie die abgekühlte Mischung und rufen Sie dabei die Gebieter über die Fünf Richtungen an.

Jeder Kristall wird in eines der fünf Hauptorgane des Körpers eingehen – Milz, Herz, Nieren, Lunge, Leber – und sie vor Verfall bewahren.
Das chinesische Wort für Quarz ist übrigens *Shui Ching*, was als »Wasser-Essenz« übersetzt werden kann; dasselbe Wort wurde in alten Zeiten für den Mond benutzt.
Wir wissen, daß die Heilkraft des Wassers fast grenzenlos ist; stellen Sie sich vor, was passiert, wenn diese Heilkraft zusätzlich durch Kristalle magnetisch aufgeladen und verstärkt wird!
Seit undenklichen Zeiten sind Edelsteine und Kristalle nicht nur wegen ihrer Schönheit und ihrer Kraft begehrt, sondern auch wegen ihrer heilenden Eigenschaften. Indianische Schamanen, ägyptische Priester und griechische Orakel haben verkündet, daß Kristalle und Edelsteine die Kraft verleihen, zu heilen, zu magnetisieren und zu erobern. Die Atlanter haben die Nutzung der Kristallenergie so perfektioniert, daß sie mit Edelsteinen, Halbedelsteinen und Kristallen wahrscheinlich alle dem Menschen bekannten Krankheiten heilen konnten.
Wenn Sie beginnen, beim Baden mit der Heilkraft der Kri-

stalle zu experimentieren, werden die positiven Ergebnisse Sie vermutlich angenehm überraschen. Denken Sie daran: Kristalle leiten Energie weiter, und das Badewasser verstärkt diese Ladung.

Überblick über Kristallbäder

Zitrin-Kristallbad für Erfolg und Kraft
Orientieren Sie sich in Richtung Erfolg

Heil- und Energiebad mit Quarzkristallen
Reinigen Sie Ihre Aura und aktivieren Sie die Heilkraft Ihres Körpers

Rosenquarz-Bad zur Wandlung des Herzens
Heilen Sie Ihr Herz und öffnen Sie sich für die Liebe

Mystisches Träume-Bad
Lassen Sie sich ins Reich magischer Träume versetzen

Amethyst-Bad zum spirituellen Abheben
Verbinden Sie sich mit Ihrer Intuition und Ihrem höheren Selbst

Zitrin-Kristallbad für Erfolg und Kraft

Orientieren Sie sich in Richtung Erfolg

Wirkung Nehmen Sie dieses Bad, wenn Sie Kraft zum Erfolg brauchen, zum Beispiel einen Prozeß gewinnen oder ein bestimmtes Geschäft abschließen wollen.

Ein oder mehrere natürliche Zitrinquarzkristalle

Reinigen Sie die Kristalle, bevor Sie sie benutzen, indem Sie sie mindestens 15 Minuten in Salzwasser legen (2 Teelöffel Salz auf 1/4 Liter Wasser). Ich spreche dabei immer ein Gebet; ich bitte die Kristallengel, die Steine zu reinigen, und gelobe, sie für heilende, gute Ziele zu benutzen

Und so wird's gemacht Bevor Sie in die Wanne steigen, sollten Sie ein paar Minuten still werden und über Ihre speziellen Ziele nachdenken. Wenn Sie wollen, können Sie die Ziele auch aufschreiben und alle Aspekte des Problems sowie die jeweiligen Ergebnisse auflisten. Ihre Ziele sollten ganz klar sein!

Legen Sie dann die Zitrin-Kristalle behutsam in die mit Wasser gefüllte Wanne.
Warten Sie, bis Sie sich wohl fühlen und entspannt sind, und sehen Sie sich dann in dem Raum, in dem die Begegnung stattfinden wird, auch wenn Sie dort noch nie gewesen sind. Stellen Sie sich die beteiligten Menschen vor. Versetzen Sie sich auch selbst in diese Umgebung. Spüren Sie, wie die goldgelbe Energie des Zitrins in Ihrer Aura pulsiert, Ihnen Kraft und geistige Klarheit verleiht und Sie befähigt, die an dem Treffen beteiligten Menschen in die von Ihnen gewünschte Richtung zu beeinflussen. Denken Sie daran, dies liebevoll und mit positiver Energie zu tun. Stellen Sie sich dann vertrauensvoll vor, daß Sie Ihre Ziele zur allseitigen Zufriedenheit erreicht haben. Nehmen Sie den oder die Zitrin-Kristalle am nächsten Tag zu dem realen Treffen mit, denn sie sollen Sie an den beabsichtigten Erfolg erinnern.

Heil- und Energiebad mit Quarzkristallen

Reinigen Sie Ihre Aura und aktivieren Sie die Heilkraft Ihres Körpers

Wirkung Quarzkristalle wirken stark heilend. Sie reinigen die Aura und bringen blockierte Energien in Fluß, so daß die körpereigene Heilkraft angeregt wird.

Quarzkristalle (einer oder mehrere)

Reinigen Sie die Kristalle, bevor Sie sie benutzen, indem Sie sie mindestens 15 Minuten in Salzwasser legen (2 Teelöffel Salz auf 1/4 Liter Wasser). Ich spreche dabei immer ein Gebet; ich bitte die Kristallengel, die Steine zu reinigen, und gelobe, sie für heilende, gute Ziele zu benutzen

Und so wird's gemacht Legen Sie den oder die Quarzkristalle in die Badewanne. Wenn Sie mehrere Kristalle haben, sollten Sie sie überall in der Wanne verteilen.
Konzentrieren Sie sich während des Badens auf den Bereich Ihres Körpers, der der Heilung bedarf. Stellen Sie sich vor,

wie die Heilenergie der Kristalle aktiviert wird, und lenken Sie deren Lichtstrahlen dahin, wo sie gebraucht werden. Seien Sie beim Visualisieren kreativ! Sehen Sie, wie der Schmerz Ihren Körper verläßt, oder wie Ihre Organe sich erholen, oder welche Heilung auch immer benötigt wird. Sie können sich sogar vorstellen, daß die Kristallstrahlen einen Tumor zum Verschwinden bringen.

Unabhängig davon, welches Problem Sie haben: Sehen Sie, wie die heilenden Kristallstrahlen den Schmerz vertreiben, Sie völlig verjüngen und Sie in vollkommene Harmonie bringen.

Rosenquarz-Bad zur Wandlung des Herzens

Heilen Sie Ihr Herz und öffnen Sie sich für die Liebe

Wirkung Rosenquarz wirkt heilend auf das Herz, beruhigt und besänftigt und eignet sich sehr gut für Zeiten, in denen Sie sich verletzt, mißverstanden oder betrogen fühlen. Er macht uns offen für die göttliche Liebe und hilft uns, die Dinge klarer und einfühlsamer zu sehen.

Rosenquarz – ein oder mehrere Kristalle

Reinigen Sie die Kristalle, bevor Sie sie benutzen, indem Sie sie mindestens 15 Minuten in Salzwasser legen (2 Teelöffel Salz auf 1/4 Liter Wasser). Ich spreche dabei immer ein Gebet; ich bitte die Kristallengel, die Steine zu reinigen, und gelobe, sie für heilende, gute Ziele zu benutzen

Nach Belieben
Kerzen und Weihrauch

Und so wird's gemacht Legen Sie die Rosenquarzkristalle ins Badewasser. Zünden Sie die Kerzen und den Weihrauch an und legen Sie, wenn Sie wollen, beruhigende Musik auf. Achten Sie, während Sie sich in der Wanne entspannen, auf Ihren Atem, und folgen Sie jeder Ein- und Ausatmung. Konzentrieren Sie sich dann ein paar Minuten auf Ihren Herzschlag. Versuchen Sie, sich ein wunderschönes, rosafarbenes Licht vorzustellen, das von den Rosenquarzkristallen ausgeht und spiralförmig mitten in Ihr Herz eindringt, wo es Ihren Kummer lindert. Stellen Sie sich vor, daß das rosafarbene Licht von Ihrem Herzen ausstrahlt und Ihren ganzen Körper in himmlische Liebe hüllt.
Lassen Sie diese Liebe Ihre Wut und Ihre Angst gleichsam wegschmelzen. Stellen Sie sich den oder die Menschen vor, die Ihnen Schmerzen bereitet haben, und sehen Sie, wie eine rosafarbene Lichtblase sie umgibt. Spüren Sie, wie die Probleme zwischen Ihnen von diesem liebenden Licht weggeschmolzen werden. Sehen Sie, wie Sie einander vergeben und sich umarmen.
Stellen Sie sich dann vor, daß Sie glücklich, erfüllt und vollkommen zufrieden in einem rosafarbenen Meer der Liebe baden.

Mystisches Träume-Bad

Lassen Sie sich ins Reich magischer Träume versetzen

Wirkung Herkimer-Diamanten sind Quarzkristalle, die bei Herkimer im Bundesstaat New York und in Brasilien gefunden werden. Sie sehen wie Diamanten aus und haben viele glitzernde Facetten.
Herkimer-Kristalle sind wunderbar geeignet, um körperlichen und seelischen Streß abzubauen. Sie besitzen auch die Kraft, Sie in höhere geistige Reiche zu transportieren, und bringen Sie im Traumzustand zu mystischer Bewußtheit.

Ein oder mehrere Herkimer-Diamanten
Kerzen, Weihrauch, Musik

Und so wird's gemacht Dieses Bad sollten Sie am besten abends vor dem Schlafengehen nehmen.
Legen Sie die Diamanten behutsam in die Badewanne. Stellen Sie Musik ein, die zum Träumen verleitet; zünden Sie die Kerzen und den Weihrauch an, und lassen Sie dann die Magie der Kristalle wirken.
Bleiben Sie so lange in der Badewanne, wie Sie wollen, und

lassen Sie Ihre Gedanken wandern, wohin die Herkimer-Diamanten sie führen. Spülen Sie die Kristalle nach dem Bad 1 oder 2 Minuten mit kaltem Wasser ab, und legen Sie sie unter Ihr Kopfkissen. Genießen Sie angenehme Träume. Gehen Sie sofort nach dem Bad ins Bett – keine geschäftlichen Anrufe, keine anderen Ablenkungen!

Amethyst-Bad zum spirituellen Abheben

Verbinden Sie sich mit Ihrer Intuition und Ihrem höheren Selbst

Wirkung Die nordamerikanischen Indianer glauben, daß Amethyste uns vor bösen Geistern schützen. Die Griechen benutzten Amethyste, um Trunkenheit zu heilen. Sie glaubten, daß sie Sicherheit gewähren, daß sie für einen klaren Verstand sorgen und für höhere geistige und seelische Bereiche offen machen.
Nehmen Sie dieses Bad, wenn Sie das Gefühl haben, daß unsichtbare Kräfte Sie angreifen, wenn Sie sich vor einer Sucht befreien wollen oder einfach, wenn Sie spirituellen Beistand brauchen.

Ein oder mehrere Amethyste
Reinigen Sie die Steine, bevor Sie sie benutzen, indem Sie sie mindestens 15 Minuten in Salzwasser legen (2 Teelöffel Salz auf 1/4 Liter Wasser)
Kerzen

Und so wird's gemacht Legen Sie die Amethystkristalle in die volle Badewanne. Zünden Sie ein paar Kerzen an – lilafarbene, wenn Sie haben. Und sorgen Sie dafür, daß Sie nicht gestört werden. Entspannen Sie sich, indem Sie die Augen schließen und sich auf Ihren Atem konzentrieren. Atmen Sie 20mal tief ein und aus. Lenken Sie dann Ihre Aufmerksamkeit auf eine Kerzenflamme und sehen Sie sie entspannt an, wobei Sie leicht nach innen schielen. Schließen Sie nach ein oder zwei Minuten die Augen, und versuchen Sie, den Widerschein der Kerze in Ihrem Dritten Auge zu sehen.

Wiederholen Sie die Übung ein paarmal; entspannen Sie sich dann und schließen Sie die Augen. Konzentrieren Sie sich weiter auf Ihr Drittes Auge.

Da Amethyste sehr machtvolle Kristalle sind, sollten Sie dieses Bad nicht nehmen, wenn Sie unruhig sind, denn es könnte Sie zusätzlich aufwühlen und Ihnen Angst einflößen.

Einkaufsliste für Kristallbäder

Aus dem Edelsteingeschäft
(auch manche Esoterik-Buchhandlungen
führen Halbedelsteine)

Amethyst
Herkimer-Diamanten
Quarzkristalle
Rosenquarz
Zitrin

Sonstiges

Kerzen
Musik
Weihrauch

Allgemeine Einkaufsliste

Viele der in diesem Buch genannten Zutaten erhalten Sie im nächsten Supermarkt, im Naturkostladen oder im Reformhaus.

Ätherische Öle

Arabischer Moschus
Basilikum
Bay
Eukalyptus
Fenchel
Grapefruit
Ingwer
Jasmin
Kamille
Kyphi
Lavendel
Lorbeer
Magnolie
Maiglöckchen
Majoran
Minze
Muskat
Myrrhe
Myrte
Orangenblüte
Patschuli
Pfefferminze
Rose

Rosmarin
Salbei
Sandelholz
Thymian
Vanille
Veilchen
Wacholder
Weihrauch
Ylang-Ylang
Zeder
Zitrone

Kräuterhandlung oder Apotheke

Beinwell
Chaparral
Gewürznelken (ganz)
Ingwer
Kamille
Rosmarin
Salbei
Thymian

Naturkostladen oder Reformhaus

Akupunkturmeridiane (grafische Darstellung)
Avocadoöl
Handreflexpunkte (grafische Darstellung)

Heilerde
Jojobaöl
Kokosnußöl
Luffaschwamm
Mandelöl
Meersalz
Räucherstäbchen
Sesamöl
Vitamin C
Weihrauch

Supermarkt

Apfelweinessig
Honig
Ingwer in Pulverform
Kamillenteebeutel

Apotheke

Bach-Blütenessenzen: Chestnut Bud, Crab Apple, Rescue (Notfalltropfen), Walnut
Epsomer Bittersalz
Homöopathische Heilmittel
Natriumbikarbonat (Natron)

Französische gefriergetrocknete Algen

sind erhältlich bei:
Phytomer
70, rue du Commandant l'Herminier
B.P. 40
F-35404 Saint-Malo Cedex
Tel. 00 33 299 40 24 69